욕망과 잘 사귀어 나가는 길

욕망의 블랙홀

이 책을 돌아가신 부모님께 바칩니다.

욕망과 잘 사귀어 나가는 길

욕망의 블랙홀

조홍길 지음

한국학술정보(주)

머리말

　많은 물리학자들이 지난 세기에 블랙홀[1]이라는 괴물에 홀려 그 정체를 파헤치는 데 몰두하였다. 블랙홀은 물리학자들의 호기심과 상상력을 자극했을 뿐만 아니라 물리학자 외의 많은 사람들의 호기심과 상상력도 자극하였다. 더군다나 은하계의 중심에 블랙홀이 자리 잡고 그 둘레를 은하계가 소용돌이치고 있다는 사실은 많은 사람들을 놀라게 하였다. 블랙홀의 전문가 손은 블랙홀을 다음과 같이 묘사했다. "유니콘에서 여러 괴물에 이르기까지, 인간정신의 모든 산물들 중에서 가장 환상적인 것은 아마 블랙홀일 것이다. 블랙홀은 모든 물질이 빠질 수 있지만, 어떤 것도 탈출할 수 없는 분명한 경계를 가진 공간상의 구멍이다. 빛을 포함하여 모든 물질을 흡수할 수 있는 강력한 중력장을 가지고 있으며, 공간과 시간을 뒤틀기도 한다. 유니콘 같은 상상의 산물처럼, 블랙홀은 실제 우주보다는 SF소설이나 고대의 신화

---

1) 블랙홀은 black hole이라는 용어를 한글로 표기한 말이다. 본인은 black hole을 검은 구멍이라고 번역하고 싶지만 일반적으로 블랙홀이라는 단어를 사용하기 때문에 이 글에서도 블랙홀이라는 단어를 사용하겠다.

에서 더 친숙함을 느낀다. 그렇지만 물리학 법칙들은 블랙홀이 존재한다는 것을 분명하게 예측한다. 우리 은하에만 해도 수백만 개의 블랙홀이 존재할 것이다. 그러나 블랙홀은 어둠으로 우리의 시야를 가려 천문학자들은 그들을 발견하는 데 커다란 어려움을 겪는다."[2]

욕망을 탐구하는 글에서 뜬금없이 왜 블랙홀을 화두로 삼는가? 블랙홀과 욕망은 사실상 아무런 관련도 없는지 모른다. 하지만 블랙홀이 모든 물질을 빨아들이듯이 욕망도 인간을 사로잡기 때문에 욕망이 블랙홀로 종종 비유되곤 하였다. 그렇지만 블랙홀과 욕망을 개념적으로 연결시킨 사람은 아무도 없다. 블랙홀이 물리학의 주제라면 욕망은 철학의 주제일 뿐이기 때문이다. 그리하여 블랙홀과 욕망은 상관없는 개념처럼 보인다. 그러나 블랙홀에 관한 물리학자들의 글을 읽으면서 왜 본인은 이상하게도 내내 욕망을 떠올렸을까?

블랙홀이 검고 어둡듯이 욕망도 검고 어둡다. 블랙홀이 어떤 것에 의해서도 채울 수 없는 구멍이듯이 욕망도 어떤 것에 의해서도 채울 수 없는 공허이다. 블랙홀이 에너지를 빨아들이고 방출하듯이 욕망도 에너지를 흡수하고 발산한다. 블랙홀과 마찬가지로 욕망도 에너지 덩어리다. 블랙홀에 들어서면 시간과 공간이 뒤틀려 이성의 법칙이 상실되듯이 욕망에 사로잡히면 이성은 맥을 추지 못한다. 블랙홀이 물질을 빨아들이고 새로운 우주를 낳기도 하듯이 욕망도 대상을 먹어치우고 새로운 대상이나 실재를 생산하기도 한다. 블랙홀의 심연에 들어가서 아무도 살아나올 수 없듯이 욕망의 심연에 뛰어들면 누구나 다 죽음을 맛본다. 블랙홀이 소용돌이치고 맥동하듯이 욕망도 소

2) 킴 S. 손, 『블랙홀과 시간굴절』, 박일호 옮김, 이지북, 2005, p.19.

용돌이치고 요동친다. 블랙홀이 단순하지만 알 수 없는 혼돈이자 심연이듯이 욕망도 단순하지만 알 수 없는 혼돈이자 심연이다. 이렇듯 블랙홀과 욕망은 유사한 점이 많다.

하지만 블랙홀과 욕망은 다른 점도 많다. 블랙홀은 그 존재가 발견된 지도 이백 년 정도이고 우리가 직접적으로 경험하거나 관찰할 수 없다. 하지만 욕망은 수천 년 동안 우리가 고찰해 왔고 지금도 우리가 직접적으로 경험하고 있다. 블랙홀은 물리학의 개념이고 욕망은 심리적이고 인간적인 범주이다. 그럼에도 불구하고 이 글은 욕망을 개념적으로 블랙홀과 연결시키는 데서부터 시작한다. 블랙홀이 욕망을 이해하는 중요한 실마리가 될 수 있기 때문이다.

우리는 욕망을 흔하게 느끼기 때문에 평소에 욕망을 굳이 의식하지 않는다. 하지만 인류가 만든 문화, 인류의 모든 생활 등은 욕망의 발로이다. 그렇기 때문에 우리는 평소에는 욕망을 별로 의식하지 않는지도 모른다. 불야성을 이루는 도시의 밤, 눈부신 불빛의 도시 거리, 눈을 어지럽히는 백화점의 어마어마한 상품, 대중매체의 현란하고 화려한 영상 등은 우리의 욕망을 자극한다. 이럴 때 우리가 강한 충동을 느끼고 욕망을 의식한다. 그리고 이 강한 충동이 사라지고 나면 우리는 더 이상 욕망을 의식하지 않는다. 사회가 온통 투기 열풍과 같은 욕망의 소용돌이에 빠져서 질서가 혼란스러울 때도 우리는 돈을 벌기 위한 강한 충동을 느끼고 욕망을 의식한다. 그리고 혼란이 가라앉고 나면 우리는 욕망을 더 이상 의식하지 않는다.

우리가 일상생활에서 욕망을 의식하건 의식하지 않건 간에 욕망은 우리의 일상생활을 움직이는 힘이다. 그래서 우리는 욕망을 결코 무시할 수 없고 다음과 같은 의문을 자연스럽게 제기할 수 있을 것이다.

욕망이 우리의 일상생활을 움직이는 힘이라면 우리가 욕망을 의식적으로 통제함으로써 우리의 생활을 개선할 수는 없을까? 욕망이란 과연 이성에 의해 통제될 수 있는 것인가? 욕망이란 나로부터 나와서 자율적으로 형성된 것일까? 아니면 욕망이 사회적으로 형성된 것일까? 또한 욕망의 소용돌이는 왜 생기는가? 더 나아가서 우리는 이런 의문도 던질 수 있을 것이다. 욕망의 정체란 도대체 무엇이기에 욕망이 사회의 갈등과 혼란을 발생시키는 것일까?

옛날부터 오늘날까지 욕망은 많이 탐구되어 왔다. 많은 작가와 예술가들이 욕망을 노래하거나 욕망의 심연에 뛰어들어 욕망을 표현하려고 하였다. 많은 철학자와 사상가들은 욕망의 정체를 밝혀 욕망을 지배하고 정복하려고 하였다. 많은 과학자들은 욕망의 비밀과 욕망이 작동하는 법칙을 해명하려고 노력하였다. 많은 정치가들은 대중의 욕망을 꿰뚫고 이용하려고 하였다. 그들의 노력과 시도가 상당한 성과를 거두긴 하였다. 하지만 여전히 욕망의 정체는 블랙홀과 같이 드러나지 않았다. 아직도 욕망은 어두운 심연에 빠져 있는 셈이다. 어쩌면 우리는 미래에도 욕망의 정체를 완전히 파악할 수 없을지 모른다.

이 글은 2006년도에 써서 발표했던 짧은 논문 「욕망의 형이상학과 그 새로운 가능성」에 기반을 둔다. 이 글은 이전의 논문에서 채택한 관점을 기본적으로 유지했다. 이전의 논문에서는 서양의 전통적 욕망 담론을 로고스중심주의적 욕망담론으로 규정하였다. 이러한 관점은 이 글에서도 유지된다.

생소한 용어인 로고스중심주의(logocentrism)3)란 무엇인가? 우선 로

---

3) 본인의 논문, 즉 조홍길, 「데리다의 헤겔 해석에 관한 연구」, 부산대학교 박사학위논문, 2002와 N. Lucy, *A Derrida Dictionary*, Blackwell, 2005에 나오는 logocentrism 항목을 참조하라.

고스라는 말의 뜻을 알아보자. 로고스(logos)는 희랍어로 λογος로 표기된다. 로고스는 어원상으로 이성도 뜻하고 말도 뜻한다. 플라톤 이후로 이 용어는 서양철학을 대표하는 용어로 정착하였다. 데리다는 여기에 착안하여 로고스중심주의라는 용어를 만들어 내었다. 그는 서양의 전통철학을 로고스중심주의라고 비판하였다. 그가 말하는 로고스중심주의란 이성/광기, 말/글, 논리/수사, 영혼/육체 등의 대립구도와 위계질서를 만들어 전자에 방점을 찍고 후자를 철학의 타자로서 배제하고 억압하여 로고스의 패권을 확보하려 하는 사상적 경향을 뜻한다. 그런데 데리다는 욕망에 관한 논의가 자칫 로고스중심주의로 회귀할 수 있다고 보았기 때문에 그는 욕망담론을 만들어 내지 않았다. 하지만 이 글에서는 이성과 욕망의 관계에서 로고스중심주의라는 말을 사용하겠다. 이 글에서 사용하는 로고스중심주의란 이성과 욕망의 대립구도와 위계질서를 만들어 이성에 방점을 찍고 욕망을 배제하고 말살하여 이성의 패권을 세우려는 욕망담론의 경향을 뜻한다. 한마디로 말하자면, 로고스중심주의란 욕망에 대한 이성의 과도한 지배를 뜻한다.

그런데 이 글에서는 몇 가지 점에서 이전의 논문이 함축하는 관점을 변경했다. 욕망이 블랙홀과 개념적으로 연결되었기 때문에 결핍이나 공허로 이해되는 욕망의 특징이 강조되었다. 그리고 이 글에서는 이성에 과도하게 중점을 두어 이성과 의지에 의하여 욕망을 지배하고 통제하려는 금욕주의도 거부하였고 금욕주의에 반발하여 몸과 욕망에 과도하게 중점을 두려는 사상의 흐름도 거부하였다. 그 대신에 이 글은 생명을 온전하게 가꾸어 나갈 수 있는 생명의 욕망을 강조하였다.

게다가 이전의 논문의 내용도 대폭 확충하였다. 그러나 이전의 논문에 기반을 두기 때문에 이 글은 이전의 논문에 나와 있는 내용과 중복되는 부분도 있다. '플라톤의 욕망담론', '헤겔의 욕망담론', '라캉의 욕망담론', '들뢰즈의 욕망담론' 그리고 '욕망의 형이상학을 위한 몇 가지 제언'이 중복되는 부분이다. 허나 이런 부분들도 이 글에 그대로 싣지 않고 수정하고 보충하여 실었다.

이 글은 형이상학적으로 욕망을 탐구하는 글이다. 그래서 이 글은 우선 욕망의 개념과 특징을 이해하려는 글이다. 그러나 이 글은 욕망을 폭넓으면서도 깊게 이해하려는 글일 뿐만 아니라 욕망에 대한 폭넓고 깊은 이해가 예술, 철학, 종교는 물론 정치와 경제나 과학기술의 영역의 이해에도 큰 역할을 할 수 있음을 시사하는 글이기도 하다.

그래서 이 글은 크게 세 부분으로 나누어진다. 제1부는 동서철학의 욕망담론을 소개하고 개괄할 것이다. 하지만 제1부는 동서철학의 욕망담론을 단순히 나열하고 요약하는 게 아니라 금욕주의와 로고스중심주의에 초점을 맞추어 동서철학의 욕망담론을 정리하고 개괄할 것이다. 그리고 금욕주의와 로고스중심주의를 벗어난 20세기의 욕망담론을 바타이유, 라캉, 들뢰즈, 지라르 등을 통하여 살펴볼 것이다. 이들의 욕망담론은 금욕주의와 로고스중심주의를 벗어난 욕망담론으로서 현대사회의 욕망을 이해하는 데 꼭 필요하기 때문이다.

제2부는 자본주의와 욕망, 화폐와 욕망, 가상현실과 욕망을 주제로 삼아 욕망을 탐구할 것이다. 욕망은 자본주의 사회 이전에도 문제가 되었지만 항상 이성이나 정신의 하위 영역에 머물렀다. 하지만 자본주의 사회가 대두되자 욕망이 사회의 전면에 불거졌다. 그리고 자본주의 사회에서 욕망은 그 이전의 어떤 사회보다도 다채로운 모습을

드러내었다. 그래서 우리가 자본주의 사회의 역동성을 인식하기 위해서는 욕망을 문제 삼지 않을 수밖에 없게 되었다. 따라서 제2부는 자본주의 사회에 욕망이 왜 문제시되는가를 검토하고 그러고 나서 자본주의 사회에 나타나는 욕망의 양상을 살펴볼 것이다.

오늘날 우리는 정보통신기술의 발달로 가상현실을 만들어 냈다. 가상현실은 현실을 기반으로 만들어졌다. 하지만 이제는 가상현실이 없이는 현실이 존립할 수 없을 정도로 가상현실은 도리어 현실을 뒷받침하는 기반이 되어 버렸다. 더군다나 가상현실은 현실을 능가하고 현실보다 더 현실적이다. 욕망도 이제 가상현상 속에서 현실과는 다르고 새로운 모습으로 전개되고 있다. 그리하여 제2부는 가상현실 속에서 전개되는 욕망의 모습도 검토할 것이다.

제3부는 욕망의 형이상학을 위해서 몇 가지 제언을 내놓았다. 이 글은 새로운 욕망담론을 체계적으로 수립하려고 하지 않기 때문에 이 글은 욕망담론의 새로운 가능성을 위한 몇 가지 단초들만을 제시한다.

이 글을 총괄해 본다면 다음과 같다. 우선 동서양의 욕망담론을 살펴봄으로써 욕망의 개념과 특징을 우선 탐구한다. 그러고 나서 자본주의 사회에 나타나는 욕망의 양상을 살펴본다. 그런 다음에 우리가 욕망과 잘 사귀어 나갈 수 있는 길을 모색해 본다.

조홍길 씀

:: 목차

자본주의와 욕망

제3부 욕망의 형이상학을 위한 몇 가지 제언

제1부

동서양의 욕망담론

욕망은 플라톤 이래로 철학의 타자로서 부정되고 억압되어 왔다. 인간이 순수한 이념의 세계로 돌아가기 위해서는 인간이 욕망으로부터 영혼을 정화해야 한다고 플라톤은 보았다. 욕망이 진리의 인식을 방해하고 좌절시킨다는 플라톤의 생각은 『파이드로스』에 나오는 전차의 신화에서 명백하게 찾아볼 수 있다. 이성이라는 마부와 기개와 욕망을 각각 상징하는 두 마리의 말이 이끄는 전차는 영원한 진리를 관조할 수 있는 우주의 가장자리 근처에까지 갔으나 욕망을 상징하는 못된 말의 난동으로 그곳에 가지 못하였다는 신화는 욕망이 얼마만큼 진리와 선의 세계를 추구하려는 철학자를 절망케 하였는지를 잘 드러내 주고 있다.

　욕망을 통제하고 말살하려는 이와 같은 생각은 동양철학에서도 역시 전형적으로 나타나고 있다. 불교의 열반은 욕망의 불이 꺼진 상태를 의미하고 유교의 克己復禮는 욕망이 충분히 통제된 경지이다. 게다가 노자와 장자는 무지무욕을 주장했다. 서양에서는 욕망은 항상 철학의 타자로서 이성에 의해 조절되거나 억압되어야 하는 부정적인 것으로서 일찍이 인식되어 왔다. 동양철학에서는 이성이 욕망의 맞수로 등장하지 않지만 욕망은 위험하고 부정적인 것으로 인식되었다.

특히 유교철학에서는 욕망은 예에 의해서 억압되고 통제되어야 했다. 공자는 仁이 극기복례라고 주장하였다. 그러면서 그는 예가 아니면 보지 말고 예가 아니면 듣지 말고 예가 아니면 행하지 말라고 권유함으로써 욕망을 철저하게 예의 우리에 가두어 두려고 하였다. 주희는 공자의 가르침을 충실하게 발전시켜 나갔다. 주희는 마음을 道心과 人心으로 나누었다. 도심은 천리에 합치하여 선으로 나아갈 수 있는 데 반해서, 인심은 천심에 위배되어 인욕으로 나아간다. 그래서 주희는 천리를 간직하고 인욕을 막아야 한다고 주장하였다. 다시 말해 보고 듣고, 말하고 행동하는 것이 이치에 맞지 않으면 하지 말라고 하였다. 예란 곧 천리에 따르는 행동이요, 천리에 따르지 않는 행동은 사욕의 결과라고 하였다. 따라서 예에 의해 일을 처리하지 않으면 이것이 인욕에 사로잡히는 것이요 죄악이 되게 된다. 그렇다면 여기서 천리를 보존하고 인욕을 제거하기 위해서 마음의 수양이 필요하게 된다. 더 나아가서 인간의 성품에 대한 더욱 치밀한 이해가 요청된다. 조선시대에 이황과 기대승 사이에 전개된 사단칠정(四端은 남을 불쌍히 여기는 마음, 악을 미워하는 마음, 사양하는 마음, 옳고 그름을 가려 낼 줄 아는 마음. 七情은 기쁨 喜, 성냄 怒, 슬픔 哀, 두려움 懼, 사랑 愛, 미움 惡, 욕심 欲) 논쟁이 바로 그것이다. 이러한 유교철학의 전개는 인격 수양이라는 긍정적 의의가 있지만 욕망을 예의 우리에 가두어 놓으려고 인간의 마음을 쥐어짜는 폐단이 나올 수밖에 없을 것이다.

서양철학에서는 이성에 의해서 욕망을 길들이려는 생각은 플라톤 철학으로부터 비롯된다. 플라톤은 인간이 순수하고 영원한 이념의 세계로 들어가기 위해서는 욕망의 배제와 억압을 통해서 욕망으로부터 영혼을 정화해야 한다고 생각하였다. 그럼에도 불구하고 우리는 진리와 선을 추구하려는 합리적 욕망마저 떨쳐 버릴 수가 없다. 이런 점에서 욕망을 비천하고 사악한 것으로만 낙인찍을 수는 없다. 플라톤도 이 점을 깊이 통찰하고 있었다. 그는 『향연』에서 지혜에 대한 사랑은 자연적 에로스로부터 출발한다는 것을 소크라테스의 입을 빌려서 말하였다. 하지만 플라톤 철학에서는 욕망은 전반적으로 정화와 억압의 대상이었다. 욕망에 대한 플라톤의 이러한 생각은 아리스토텔레스를 경유해서 2천 년 가까이 이어져 내려왔다.

철학의 역사를 통해 볼 때 스피노자가 처음으로 『윤리학』에서 욕망을 인간의 본질로 삼아서 욕망에다가 형이상학적 활력을 불어넣었다. 그러나 스피노자는 실체 형이상학에 빠져서 욕망하는 주체의 부정성과 역동적 힘을 간파하지 못하였다. 욕망하는 주체의 부정성과 역동적 힘은 타자와 노동이라는 계기를 통해서 실현될 수 있다. 헤겔은 처음으로 욕망을 타자와 노동의 연관에서 고찰하였다. 욕망에 대한 헤겔의 견해는 『정신현상학』에 잘 드러나 있다. 정신은 자신의 노동에 의해서 의식과 대상, 주체와 객체가 통합될 때까지 정신의 타자들을 지양하고 극복함으로써 주체와 객체를 통합하려는 자신의 욕망을 절대정신에서 실현한다.

헤겔 이후 20세기 말에 와서 욕망의 문제는 다시 라캉과 들뢰즈에 의해서 철학의 전면에 부각하였다. 이들은 공통적으로 정신분석학의 영향을 받아서 욕망을 철학의 중심문제로 삼았다. 라캉에 따르면 욕망은 타자(Other)에 의해 구성되며 타자는 결코 동일화되지 않기 때문에 욕망은 결코 충족될 수 없다. 그렇기 때문에 라캉에게서 욕망은 끝이 없는 결핍을 의미한다. 이에 대해 들뢰즈는 결핍이나 부재성으로 파악된 욕망에 이의를 제기하였다. 그는 욕망은 권력에의 의지나 리비도와 같이 아무것에도 매여 있지 않고 자유롭게 떠다니는 에너지라고 보았다. 그렇기 때문에 욕망은 부정적이지 않고 생산적이다. 그런데 욕망은 자본주의적 사회적 생산이나 정신분석학적 가족구조와 이데올로기에 의해서 억압되어 있기 때문에 욕망의 탈주를 통한 욕망의 해방이 필요하다고 그는 주장했다.

20세기에 들어서서 자본주의의 발전과 함께 욕망이 인간과 사회를 움직이는 동력으로 인식되고 영화나 광고 등의 대중문화에서 주요한 관심사로 떠올랐다. 이에 따라서 욕망담론에 관심도 부쩍 많아졌고 욕망담론을 대중문화에 적용하는 연구도 많아졌다. 하지만 욕망담론을 전체적으로 조망하고 욕망담론의 기반을 이루는 욕망의 형이상학을 탐구하여 욕망담론의 새로운 가능성을 타진하는 시도들은 아직까지 드물다. 이런 점에서 우리가 삶의 중심을 잡고 21세기의 복잡다단한 후기 자본주의 사회를 헤쳐 나가기 위해서는 욕망담론의 새로운 가능성을 타진하려고 하는 시도가 필요할 것이다. 우선 우리는 서양 철학의 욕망담론을 플라톤으로부터 에픽테투스, 데카르트를 거쳐 헤겔에 이르는 로고스중심주의적인 욕망담론과 로고스중심주의적인 욕망담론으로부터 벗어난 20세기의 욕망담론으로 나누어 살펴볼 것이다.

1) 서양의 욕망담론

서양의 욕망담론을 살펴보기 전에 욕망(欲望)이라는 용어부터 검토하자. 욕망이라는 용어는 본래 한국어에는 없던 용어다. 한국어에서는 욕심이라는 말이 쓰였다. 물론 중국이나 일본에서도 욕망이란 용어는 사용되지 않았다. 아마도 욕망이라는 용어는 욕구라는 용어와 같이 서양의 문물을 재빠르게 받아들였던 근대 일본에 의해서 만들어진 용어라고 생각된다.

욕망에 해당하는 단어는 영어에서는 desire, 독일어에서는 Begierde, 불어에서는 désir이다. 욕구에 해당하는 단어는 영어에서는 need, 독일어에서는 Bedürfnis, 불어에서는 besoin이다. 하지만 서양에서도 욕망과 욕구가 명확하게 구분되지 않고 19세기까지 대체로 혼용되어 왔다. 게다가 충동(drive, impulse)이라는 용어도 욕망과 욕구라는 용어들과 함께 사용되었다.

이러한 용어를 제일 먼저 구별해서 사용한 철학자는 헤겔이다. 하지만 헤겔철학에서도 욕망과 욕구라는 개념이 전혀 다른 건 아니다. 헤겔철학에서는 욕망과 욕구가 다 같이 결핍에 근거하기 때문이다. 하지만 20세기에 들어서면 사정이 달라진다. 레비나스, 라캉, 들뢰즈, 지라르는 욕망과 욕구를 단호하게 구별했다. 그들의 철학에서는 욕망은 욕구와 확실히 구별되며 욕망이 욕구보다 우위에 있다. 레비나스의 경우에는 욕망은 무한한 타자를 향하지만 욕구는 결핍을 메우는 수준에 머문다. 라캉은 욕망을 사랑에의 요구로부터 생리적 욕구를 공제한 것이라고 보았다. 들뢰즈는 욕망을 리비도와 같이 순수한 에너지로, 욕구를 사회적으로 조작되는 결핍으로 이해했다. 지라르도 욕망을 식욕과 같은 생리적 욕구와 구별하였다. 하지만 욕망과 욕구에 대한 이들의 구별은 일반적으로 받아들일 수 없다. 그래서 이 글에서는 욕망, 욕구 그리고 충동을 꼭 구별해야 할 경우가 아니라면 그것들을 욕망의 계열 안에 위치한 용어로 간주하여 혼용해서 사용할 것이다.

(1) 플라톤: 욕망과 이성

플라톤의 욕망담론의 특징은 두 요점에 있다. 첫째로, 플라톤의 욕망담론은 로고스중심주의다. 그는 욕망이 이성보다 열등하며 이성이 욕망을 지배하고 제어할 수 있다고 보았다. 둘째로, 그는 욕망을 결핍에 근거하는 것으로 파악하였다. 이러한 플라톤의 욕망담론은 2500년 동안 서양철학의 주류를 형성하였고 서양철학의 전통에 엄청난 영향력을 행사하면서 서양철학을 주도해 왔다.

플라톤의 욕망담론은 『향연』, 『파이돈』에 자세하게 나오고 『파이드로스』, 『국가』 등에도 언급되어 있다. 그래서 여기서는 『향연』과 『파이돈』을 중심으로 플라톤의 욕망담론을 살펴보겠다. 『향연』과 『파이돈』이 그의 욕망담론을 가장 잘 보여 주기 때문이다.

플라톤이 쓴 『향연』이라는 작품은 아마도 플라톤의 작품 가운데서 가장 예술적인 작품일 것이다. 플라톤의 저작 가운데 여성이 주인공으로 등장하는 작품은 거의 없다. 그런데 『향연』에서는 디오티마라는 신비한 여인이 에로스의 기원을 소크라테스에게 들려주고 소크라테스는 디오티마의 이야기를 공손하게 받아들인다. 『향연』 외의 플라톤의 저작에서 소크라테스가 이렇게 배우는 태도를 보이는 경우는 없다. 게다가 디오티마라는 여인이 주인공으로 등장하는 『향연』에서 남자의 동성애가 얄궂게도 칭송된다. 이런 점에서 『향연』은 플라톤의 저작 가운데 이색적인 작품이라고 할 수도 있을 것이다.

『향연』은 에로스, 즉 욕망에 관한 이야기다. 에로스는 잃어버린 자신의 한 부분을 되찾아 온전한 상태를 갈망하는 인간의 열정이라고 설명하는 아리스토파네스의 남녀양성설화도 『향연』에는 등장한다. 하지만 에로스에 대한 소크라테스의 논의가 『향연』의 주요한 부분이다. 소크라테스는 『향연』에서 에로스를 자신에게 결핍된 대상을 추구하려는 욕망으로 규정했다.

> 그러자 소크라테스 님이 말했다네.
> "그렇다면 그것은 어떤 사람이 그에게 없는 것, 즉 그가 갖지 않은 것을 사랑하고 그래서 그러한 성질들이 나중에도 그에게 계속 있기를 사랑하는 것을 의미하겠지?"
> "전적으로 그렇습니다."
> 아가톤은 말했다네.
> "그렇다면 이 사람이나 그리고 어떤 것을 욕구하는 다른 모든 사람들은 자신에게 있지 않은 것을 갈구하는 셈이며, 결국 자신이 갖지 않으나 본인이 필요로 하는 것, 바로 그러한 것들에 대해서만 욕망과 사랑은 존재한다고 할 수 있네."
> "물론 그렇습니다."
> "자, 그러면 더 진전시켜 지금까지 동의된 것을 요약해 보세. 동의된 바에 따르면, 사랑이란 첫째로 그 어떤 대상에 대한 사랑이고, 두 번째로 자신에게 결여되어 있는 대상에 대한 사랑 외의 그 어떤 것도 아니지 않겠는가?"[4]

---

4) 플라톤, 『향연』, 박희영 옮김, 문학과 지성사, 2003, p.112 이하.

소크라테스는 『향연』에서 에로스에 대한 자신의 견해를 디오티마로부터 전해들은 에로스의 설화를 통해서 다시 뒷받침하려고 한다. 소크라테스가 전해들은 디오티마의 말에 따르면 에로스는 계책의 신인 포로스와 빈곤의 신인 페니아의 딸이다. 그렇기 때문에 에로스는 어머니를 닮아 집도 절도 없이 맨발로 더럽게 떠돌아다니는 결핍상태에 있으면서도 아버지를 닮아 훌륭하고 아름다운 것을 추구하려는 열망을 가진다. 에로스의 탄생설화에서 나오는 에로스의 중간적인 성격이야말로 사람은 자신이 갖지 않은 것을 원할 뿐이라는 소크라테스의 말과 잘 어우러지고 있고 결핍으로서의 욕망을 잘 드러내 주고 있다. 에로스는 아름다움이 결여되어 있지만 자신이 갖지 않은 아름다움을 사랑하고 갈구한다. 인간의 욕망도 이와 같다.

에로스, 즉 욕망에는 위계질서가 있다. 지혜나 아름다움에 대한 사랑은 아름다운 육체에 대한 사랑으로부터 싹튼다. 아름다운 육체에 대한 사랑은 아직 저급한 에로스이기 때문에 에로스, 즉 욕망의 고양이 필요하다. 에로스의 위계질서는 아름다운 육체에 대한 사랑으로부터 시작해서 아름다운 영혼과 지식의 세계에 대한 사랑을 거쳐서 아름다움 자체에 대한 인식으로 상승된다. "사랑에 관한 것들에 올바르게 도달하거나, 인도자에 의해 인도될 수 있는 올바른 길은 다음과 같다 할 수 있습니다. 즉 그것은 이 세계의 지상적 아름다움에서 출발하여 저편의 아름다움을 목표 삼아 사다리를 오르듯이 끊임없이 한 단계씩 올라가는, 다시 말해 하나의 아름다운 육체에서 출발하여, 두 개의 아름다운 육체로, 두 개의 아름다운 육체에서 모든 아름다운 육체로, 아름다운 육체에서 아름다운 자기 함양의 노력에로, 아름다운 자기 함양의 노력에서 아름다운 인식에로 그리하여 그러한 인식들로부터 저 더 높은 단계의 인식에까지 올라가는 것을 의미한답니다. 그 인식은 피안의 아름다움 자체에 대한 인식이며 궁극적으로 아름다운 것 자체를 직관하는 것입니다."5) 따라서 플라톤은 에로스의 위계질서가 육체에 대한 사랑으로부터 영혼에 대한 사랑을 거쳐 이념에 대한 사랑으로 한 단계씩 차례로 고양되어 나가야 한다고 보고 있다.

플라톤의 이러한 생각은 이성에 의한 욕망의 억압과 정복으로 이어진다. 하위의 욕망이 정화되고 승화되어 상위의 욕망, 즉 아름다움 자체에 대한 인식에 도달하는 셈이다. 그래서 플라톤도 '사다리'라는 표현을 사용하였다. 에로스의 이 사다리는 하위의 욕망이 이성적으로 정화되고 승화됨으로써 성립할 수 있으므로 이 사다리는 욕망의 위계질서를 뜻한다. 이러한 욕망의 위계질서는 멀리는 매슬로우의 욕구 5단계의 학설로까지 이어진다.

『파이돈』은 소크라테스가 독배를 들고 죽던 날의 대화 장면을 파이돈이 들려주는 형식으로 쓰인 작품이다. 소크라테스가 『파이돈』에서 자신의 제자들과 친구들에게 죽음은 슬픈 일도 괴로워할 일도 아님을 설득시키고 있다. 『향연』에서와는 달리 『파이돈』에서는 욕망의 억압과 말살이 노골적으로 드러나 있다. 철학은 죽음을 위한 준비이고 철학자는 죽음을 열망하는 자이다. 철학자가 죽음을 열망한다는 것이 이상하게 여겨질지 모른다. 허나 철학자는 지혜를 사랑하는 자이다. 그리고 그는 죽음을 통한 영혼의 정화에 의해서만 지혜에 도달할 수 있다. 그러므로 철학자는 당연히 죽음을 열망할 수밖에 없다.

---

5) 앞의 책, p.141 이하.

소크라테스는 이렇게 말했다. "철학(지혜에 대한 사랑)에 옳게 종사하여 온 사람들은 모두가 다름 아닌 죽는 것과 죽음을 스스로 추구하고 있다는 것을 다른 사람들이 실은 모르고 있는 것 같으이."[6] 사람이 죽어야 혼이 몸과 욕망으로부터 완전히 결별하고 혼이 혼의 가장 좋은 순수한 상태에서 지혜를 순수하게 포착할 수 있기 때문이다. 따라서 지혜는 사람이 죽어서야 온전히 얻을 수 있는 셈이다. 몸과 욕망은 지혜에 대한 사랑을 방해할 뿐이기 때문이다.

육체는 영혼의 감옥이다. 몸을 떠나지 못해 몸의 감옥에 갇혀 있는 혼은 몸의 욕망과 쾌락에 의해서 미혹되어 더렵혀져 불순하게 된다. 그뿐만 아니라 그 때문에 우리는 지혜를 등한시한다. "몸은 우리를 욕정들과 욕망들, 두려움들 그리고 온갖 환영과 하고 많은 어리석음으로 가득 채우게 되어서는, 진실로 우리가 몸으로 해서, 속담 그대로, 도무지 아무런 생각도 할 수 없게 되고 말지. 아닌 게 아니라 전쟁들과 불화들 그리고 싸움들을 일으키는 것은 다름 아닌 몸과 이로 인한 욕망들이지. 재물의 소유 때문에 모든 전쟁이 일어나지만, 우리가 재물을 소유하지 않을 수 없게 되는 것은 몸으로 인해서이니, 우리는 몸의 보살핌을 위해 그 종노릇을 하고 있는 게야. 몸으로 인한 이 모든 것 때문에 우리는 철학(지혜에 대한 사랑)과 관련해서 여가 부족의 상태로 지내게 되지."[7] 따라서 철학자는 살아도 죽은 듯이 살아가야 한다. 다시 말하면 지혜를 사랑하는 자는 살아 있어도 최대한 몸과 욕망의 영향을 벗어난 상태로 살아가야 한다. 이를테면 지혜를 사랑하는 자라면 좋은 음식을 먹고 좋은 옷을 입고 성적 쾌락을 누리

6) 플라톤, 『플라톤의 네 대화편』, 박종현 역주, 서광사, 2003, p.287.
7) 앞의 책, p.297 이하.

고 싶어 하는 욕망 등을 멀리하고 살아가야 한다.

대체로 사람들은 인간의 삶을 육신과만 관련지어 생각하기 때문에 죽음은 모든 것의 끝남으로 알고 두렵게 여긴다. 하지만 인간의 삶을 인간답게 하는 것은 육신이 아니라 영혼 또는 정신, 이성(nous)이라고 소크라테스는 지적한다. 소크라테스에 따르면 영혼은 신적이고 불멸하며 지적이고 분해될 수 없고 똑같은 방식으로 한결같이 있는 것이고 육체는 사멸하며 다양하고 지적이지 못하며 분해되며 한결같지 못한 것이다. 지혜를 사랑하는 사람은 육체에 관심이 없고 영혼 또는 이성에 관심을 쏟는다. 그래서 지혜를 사랑하는 사람은 영혼을 육체와의 결합상태로부터 최대한으로 벗어나게 하여 육체의 욕망에 의해 오염된 혼을 정화시켜 순수한 상태로 두려는 사람이다. "혼이 더럽혀지고 순수하지 못한 상태로 몸에서 벗어나게 되면, 혼은 늘 몸과 함께 지내면서 이것을 보살피고 사랑하며 이것에 의해 그리고 그 욕망들과 쾌락들에 의해 매혹되었기 때문에, 물질적(신체적)인 것 외의 다른 어떤 것도 참된 것이라 생각하지 않는다고 나는 생각하네. 즉 누군가가 만질 수도 있고 볼 수도 있으며, 마실 수도 있고 먹을 수도 있으며 성적인 쾌락을 위해 이용할 수 있는 것 외는 말일세. 반면에 눈에는 캄캄하고 보이지 않지만, 지성에 의해서[라야] 알 수 있으며 철학에 의해 포착될 수 있는 것, 이것은 미워하고 덜덜 떨며 회피하는 버릇을 들인 혼이, 바로 이런 상태에 있는 혼이 자체로만 순수한 상태로 해방될 것이라 자네는 생각하는가?"[8]

이렇게 해야 인간의 영혼이 육체의 욕망을 극복하여 육체의 감옥

---

8) 플라톤, 『플라톤의 네 대화편』, 박종현 역주, 서광사, 2003, p.346 이하.

으로부터 자유로워서 실재하는 것, 즉 이데아, 형상을 포착할 수 있다. 육체는 온갖 욕정과 욕망, 공포, 환상, 어리석음으로써 우리의 혼을 어지럽히고 결국 전쟁과 불화도 결국 육체에 기인하기 때문이다. 플라톤은 감각적 지각의 세계와 이데아의 세계를 구분하였다. 이데아의 세계는 영원불변의 완전한 세계이고 감각적 지각의 세계의 형상이자 원형이다. 감각적 지각의 세계는 덧없고 불완전하며 이데아의 흐릿한 모상일 뿐이다. 그런데 이데아의 세계는 영혼의 순수한 상태에서만 직관될 수 있다. 하지만 몸의 욕망에 의해 영혼이 오염되어서는 우리는 이데아를 인식할 수 없다. 따라서 우리가 몸의 욕망으로부터 영혼을 정화해 나가야 이데아를 순수하게 직관할 수 있다.

요컨대 우리가 순수하게 인식하려고 하려면 육체로부터 영혼을 정화해서 대상 자체를 혼에 의해서만 바라보아야 한다. 그러므로 지혜를 사랑하는 사람은 생시에 자기 자신을 죽은 상태에 가깝게 있도록 살아가게끔 처신하는 사람이다. 그리고 그는 살아 있으면서도 끊임없이 죽음을 갈망하고 수련하는 삶이기에 결코 죽음이 그에게는 두려운 것이 아니다. 그에게는 죽음은 철학의 완성이 된다. 정화된 영혼은 신적인 세계로 들어갈 수 있기 때문이다. 그렇다면 『파이돈』에서도 플라톤은 육체를 천시하고 영혼을 우대하며 욕망을 내치고 이성을 드높이려고 하였다고 말할 수 있다.

플라톤은 『국가』에서 에르의 신화를 통해서도 영혼이 욕망으로부터 벗어나야 함을 보여 주었다. 물론 이 세계는 영혼불멸과 영혼의 윤회 사상이 전제되어 있다. 에르는 어떤 전투에서 죽었는데 가족들이 죽은 지 열흘 뒤에 썩어 가는 시체더미에서 그의 시신을 찾아내어 이틀 뒤 장작더미에서 화장을 하려는 순간 그는 되살아났다. 그렇게 되살아난 에르는 열이틀 동안 저승에서 보았던 일들을 사람들에게 이야기해 주었다. 그의 혼은 육신을 벗어나서 하늘 쪽으로 두 개의 구멍이 나 있고 땅 쪽으로 두 개의 구멍이 나 있는 신비스러운 곳에 이르렀다. 이곳에서 혼들은 심판을 받고 올바른 자들은 하늘에 난 구멍으로, 올바르지 못한 자들은 땅으로 난 구멍으로 갔다. 그는 저승의 일을 보고 듣는 임무가 주어졌기 때문에 심판을 받지 않았다. 하늘과 땅에서 돌아온 혼들은 서로 무리를 지어 초원에서 야영을 하고 여드 렛날에는 초원을 떠나야 했다. 나흘 만에 아낭케 여신과 그 딸들인 운명의 여신들이 있는 곳에 도착하여 혼들은 여신들의 앞에서 제비를 뽑아 환생의 길을 선택했다.

이러한 선택은 대개 전생의 습관에 따라 이루어졌다. 그러나 습관에 의해 훌륭함(덕)에 관여하는 사람보다는 건전하게 철학을 하는 사람이 저승으로 가는 길도 이승으로 오는 길도 더 부드러웠다. 그들은 영혼이 몸의 욕망에 의해 덜 오염되었기 때문이다. 제비뽑기가 끝난 혼들은 아낭케의 옥좌 아래를 통과하여 무더운 망각의 평야로 나아 가서 망각의 강 옆에서 야영을 했다. 혼들은 목이 말라서 이 강물을 어느 정도 마시게 마련이었다. 일단 이 강물을 마신 혼은 모든 걸 잊어버리고 제 출생을 향하여 유성처럼 사라졌다. 플라톤이 여기서 '망각의 강'을 언급하는 것은 인식은 상기라는 그의 주장과 관계가 있다. alētheia(진리)는 어원상 a + lēthē(망각), 즉 비망각 상태이다. 따라서 진리인식은 영혼이 몸의 욕망으로부터 벗어나 잊어버린 영혼의 순수한 상태를 상기하는 것을 의미한다.

영혼이 몸의 욕망으로부터 벗어나 진리를 순수하게 관조하려면 이성이 욕망을 충분히 지배하고 통제하여야 할 것이다. 허나 몸의 욕망이 이성에 의해서 충분히 지배되고 통제될 수 있다는 것은 참으로 어려운 일이다. 이성은 욕망의 준동을 결코 쉽사리 제압할 수 없다. 플라톤은 욕망의 힘이 막강함을 누구보다도 잘 알고 있었다. 그러나 그는 이성에 의한 욕망의 제어를 결코 포기하지 않았다.

『파이드로스』에서 플라톤은 혼을 『국가』에서처럼 세 부분으로 나누었다.[9] 그리하여 『파이드로스』에서는 인간의 혼은 흰 말(기개)과 검은 말(욕망)이 이끌고 마부(이성)가 이 두 말을 부리는 전차로 비유되고 있다. 『파이드로스』에서 플라톤은 흰 말은 준수하고 훤칠한 용모를 가진 유순하고 좋은 말로, 하지만 검은 말은 험상궂고 꾀죄죄한 용모를 지닌 탐욕스럽고 오만하고 말을 잘 듣지 않는 못된 말로 묘사했다. 이 신화의 묘사에서 플라톤이 기개는 이성에 협조적인 것으로 묘사하는 데 반해서 욕망은 이성의 지시에 따라 움직이기보다는 이성에 반기를 들고 제멋대로 날뛰는 것으로 간주하고 있음을 우리는 알 수 있다.

천상의 아름다움을 관조할 수 있는 데까지 전차가 갔을 때에도 이 못된 말의 난동으로 마부(이성)는 곤경에 처한다. 마부가 눈이 부셔 그곳에 닿지 못했을 때에도 검은 말은 마부와 흰 말을 저주하고 불평을 늘어놓았다. 그뿐만 아니라 마부가 한숨을 돌리고 다시 그곳으로 가려고 했을 때에도 검은 말은 말을 듣지 않고 강짜를 부렸다. 그리하여 마부는 이 못된 말의 재갈을 끌어당겨서 이빨을 뽑아내어 검은 말의 사나운 입과 턱에 피를 흥건히 적시게 하고 채찍을 쳐서 이 말의 다리와 허리를 땅바닥에 가라앉히는 일을 되풀이해야 했다. 그래

---

9) 플라톤, 『국가』, 박종현 역주, 서광사, 1997, p.299 이하. 초기와는 달리 플라톤은 혼을 이성, 기개, 욕정(욕망)의 세 부분으로 나누었다. 『파이드로스』도 마찬가지이다.

서야 마부는 겨우 이 못된 말을 길들여서 그의 뜻에 따르게 했다.[10]

플라톤은 이 전차의 신화에서 쾌락을 향한 욕망이 무절제하고 제 멋대로여서 이성에 의해 길들여지기가 얼마나 힘이 드는지 강렬한 필치로 잘 그려 내고 있다. 욕망이 이성에 의해 길들여지기가 힘들지만 마부(이성)의 강력한 힘에 마침내 따르게 됨으로써 플라톤은 이성에 의한 욕망의 지배와 통제가 성공할 수 있다고 보았다. 따라서 플라톤의 이러한 생각은 욕망을 억압하여 욕망을 이성의 지배 아래에 두려는 로고스중심주의이다.

이러한 로고스중심주의적인 플라톤의 욕망담론은 기독교의 금욕주의와 잘 어우러져 플라톤이래로 이천여 년 동안 서양철학과 서양의 문화를 지배해 왔다. 그리고 그의 로고스중심주의는 에픽테투스와 데카르트를 거쳐 헤겔에 이르러 그 정점에 도달하였다.

(2) 에픽테투스

에픽테투스는 노예 출신으로서 1~2세기에 걸쳐 활동했던 스토아 철학자이다. 그는 스토아 철학자들 중에서 가장 위대하였고 후세에 가장 많은 영향력을 행사하였다. 그는 플라톤의 로고스중심주의와 금욕주의를 계승하고 발전시켰다. 더 나아가 그는 그것을 우리의 일상생활에 접목시켰다.

헬레니즘 시기의 철학은 형이상학의 웅장한 체계나 정치적 담론과

---

10) H. Pelliccia(trans.), *Selected dialogues of Plato*, The modern, library, 2000, p.155f를 참조하라. 플라톤의 『파이드로스』에서와 같이 깨달음의 과정을 그린 보명의 목우도에서도 욕망의 소는 채찍과 고삐에 의해서 길들여진다.

는 거리가 멀었다. 이 시기의 철학은 어떻게 해야 개인이 행복하고 충만한 인생을 살 수 있는가라는 문제에 집중되었다. 스토아학파는 마음의 평정, 평온이 행복하고 충만한 삶의 필수 불가결한 요인이라고 보았다. 또한 우리가 마음의 평정, 평온(Apatheia)에 도달하기 위해서는 우리는 인간의 자연, 즉 본성인 이성에 따라 살아야 한다고 스토아학파는 주장했다.

에픽테투스의 가르침도 스토아학파의 이러한 목적에 어긋나지 않았다. 그러나 그의 가르침은 물리학, 논리학, 윤리학이라는 세 교과에 의해 펼쳐졌다. 물리학을 통해서 우리는 세계의 필연적 법칙과 질서를 인식하여 자연에 대한 공포와 미신을 떨쳐 버릴 수 있다. 논리학을 통해서 우리는 인식상의 오류를 피하고 명석하게 사유할 수 있다. 윤리학을 통하여 우리는 행복한 삶을 위한 올바른 처신을 할 수 있다.

그러면 그의 가르침을 『어록』을 통해 살펴보자. 우선 그는 인생과 자연이 우리가 어찌할 수 없는 법칙에 의하여 움직인다는 것을 우리가 받아들일 것을 권고했다. "좋든 나쁘든 간에, 인생과 자연은 우리가 바꿀 수 없는 법칙에 의해 지배된다. 우리가 이것을 더 빨리 받아들일수록, 그만큼 더 우리는 마음이 평온할 수 있다."[11]

우리는 자연과 인생의 필연적 법칙을 인식하고 우리의 한계를 받아들여야 비로소 욕망으로부터 우리가 자유로워지고 마음의 평정에 도달할 수 있는 법이다. "자유는 신적 섭리에 의해 정해진 우리 자신의 힘의 한계와 자연적 한계를 이해하는 데서 온다. 인생의 한계와

---

11) Epictetus, *A Manual for Living*, ed. Lebell, S., HarperCollins Publisher, 1994, pp.27 - 28. 에픽테투스는 생전에 책을 낸 적이 없었다. 그의 제자인 아리아니우스가 그의 사후에 편찬한 『어록』이 전해질 뿐이다. 여기서는 레벨이 편집한 영어 번역본을 이용하였다.

불가피성을 받아들이고 그것들과 싸우기보다는 그것들에 순응함으로써, 우리는 자유롭게 된다. 우리가 마음대로 할 수 없는 일들에 대한 부질없는 욕망에 우리가 굴복한다면 자유는 상실된다."12)

자연은 이성적이고 우리의 본성도 이성적이다. 그리고 우리가 이성적으로 처신할 때 우리는 자연과 조화로운 삶을 살고 욕망으로부터 자유로워질 수 있다. "너 자신의 목적은 자연 자체와의 조화를 추구해야 한다. 왜냐하면 이것이 자유에 이르는 참된 길이기 때문이다. …… 전체로서의 자연은 이성에 따라 질서 지어져 있지만 자연 안의 모든 것이 이성적이지 않음을 이해하라."13)

이성에 따른 삶이 중요함에도 불구하고 우리는 우리의 몸을 돌보듯이 우리의 이성을 돌보고 가꾸어 나가지 않는다. 우리는 대체로 우리의 욕망과 본능에 충실하려고 한다. 하지만 우리는 자유롭고 행복한 삶을 살기 위해서는 우리는 우리의 이성을 지켜야 한다. "유덕한 삶은 무엇보다도 먼저 이성에 의존한다. 네가 너의 이성을 지킨다면 그것은 너를 지켜 줄 것이다."14) "도덕적으로 훈련되지 않은 사람은 자신들의 몸에 과도한 시간을 소비한다. 동물적 기능을 부수적으로 수행하라. 너의 주된 관심은 너의 이성을 돌보고 계발하는 데 주어져야 한다. 왜냐하면 너의 이성을 통해서 너는 자연의 법칙을 이해할 수 있기 때문이다."15)

이성에 따라 사는 삶은 행복하고 자유스러운 삶을 준다. 이러한 삶

---

12) 앞의 책, p.28.
13) 앞의 책, p.53.
14) 앞의 책, p.75.
15) 앞의 책, p.77.

을 위해서 우리는 현실적인 부, 명예, 권력 등을 포기해야 한다. 그런 것들은 우리의 힘을 넘어서기 때문이다. 우리의 힘을 넘어서는 일에 연연하는 것은 어리석은 일이다. 현실적인 부, 명예, 권력 등은 우리의 힘을 넘어서는 것이지만 우리의 마음은 우리에게 달려 있다. 따라서 우리는 부, 명예, 권력, 사회적 지위 등에 연연하기보다는 우리의 마음을 조절해야 한다. 우리의 생각을 바꾸고 우리의 욕망을 제어해야 한다. 그런 일은 우리의 힘으로 할 수 있는 일이기 때문이다. "어떤 일들은 우리에게 달려 있고 어떤 일들은 우리에게 달려 있지 않다는 하나의 원리를 충분히 이해함으로써 행복과 자유는 온다. 네가 이 기본적인 규칙을 지키고 네가 할 수 있는 일과 할 수 없는 일을 분간하게 된 뒤에야 내적인 평온과 외적인 효율성이 가능하게 된다."[16]

우리 자신의 생각이나 욕망, 싫고 좋음 등은 우리의 손에 달려 있다. 이런 것들은 우리가 할 수 있는 내적인 것들이다. "우리의 견해, 열망, 욕망 그리고 우리에게 혐오감을 주는 것은 우리에게 달려 있다. 이 영역들은 우리의 영향력에 직접적으로 종속되기 때문에 그것들은 바로 우리의 관심사다. 우리는 우리의 내적 생활의 내용과 성격을 항상 선택하는 셈이다."[17]

하지만 출생, 부, 사회적 지위, 명예 등은 우리의 손 밖에 있다. 따라서 이런 것들은 아무래도 상관없는 것들이다. "하지만 우리가 어떤 종류의 몸을 가질지, 우리가 부유한 집안에서 태어날지, 우리가 뜻밖의 횡재를 할지, 다른 사람들이 우리는 어떻게 생각할지 그리고 우리의 사회적 지위가 어떠할지에 관한 일들은 우리에게 달려 있지 않다.

---

16) 앞의 책, p.9.
17) 앞의 책, p.10.

그런 일들은 외적인 일들이고 따라서 우리의 관심사일 수 없음을 우리는 기억해야 한다. 우리가 어찌할 수 없는 일들을 제어하거나 변화시키려고 노력하는 것은 비탄으로 귀결될 뿐이다."[18]

그리하여 다른 사람들의 뜻이나 변덕에 달린 일들을 네 맘대로 하려고 한다면 우리는 좌절되거나 비참해질 것이다. 그러니 우리가 할 수 있는 일에만 관심을 집중하는 게 좋다. "우리 자신의 힘 안에 있는 일들은 당연히 우리에게 달려 있고 어떤 방해나 저지도 받지 않는다. 그러나 우리의 힘을 넘어서는 그러한 일들은 약하고 의존적이며 다른 사람들의 변덕이나 행위에 의해 결정된다. 너의 힘을 넘어서 있는 일들을 네가 마음대로 하려고 생각하거나 다른 사람들의 일을 주제 넘게 너 자신의 일로 삼으려고 한다면 너의 추구는 좌절될 것이다. 너는 비참해지고 불안해지고 남을 헐뜯게 될 것이다."[19]

그러면 에픽테투스는 욕망을 어떻게 생각하는가? 그는 욕망이 우리의 마음을 어지럽혀서 마음의 평정을 깨뜨리고 우리를 불행에 빠뜨리는 주요한 요인이라고 여겼다. "우리의 욕망과 혐오는 변덕스러운 지배자다. …… 욕망은 우리가 원하는 것을 쫓아가서 얻기를 우리에게 명령한다. …… 전형적으로, 우리는 우리가 원하는 것을 얻지 못할 때 우리는 실망하고 우리가 원치 않는 것을 얻을 때 우리는 고통스럽다."[20] 하지만 욕망의 힘은 대단하지만 습관에 불과하다. 우리는 습관을 제어할 수 있다. "욕망과 혐오는 강력하긴 하지만 습관에 불과하다. 그리고 우리는 더 나은 습관을 가지도록 우리 자신을 훈련할

18) 앞의 책, p.10.
19) 앞의 책, pp.10-11.
20) 앞의 책, pp.12-13.

수 있다."[21]

왜 우리는 욕망을 제어해야 하는가? "너의 욕망에 고삐를 채우도록 최선을 다하라. 왜냐하면 네가 제어할 수 없는 어떤 것을 욕망한다면 실망이 확실히 따를 것이고 너는 제어할 수 있으면서도 욕망할 만한 가치가 있는 것들을 소홀히 할 것이기 때문이다."[22]

욕망의 제어는 인간의 이성과 의지에 달려 있다. 그리고 우리의 이성과 의지는 항상 우리의 힘 안에 있다. 그렇기 때문에 욕망을 이성과 의지에 의해 제어할 것을 에픽테투스는 권고하였다.

욕망에 대한 에픽테투스의 견해는 플라톤의 『파이돈』에 나오는 소크라테스의 가르침과 일맥상통한다. 몸치장이나 성적 쾌락 등에 우리가 관심을 쏟지 말고 우리의 영혼을 돌보라는 소크라테스의 가르침은 몸을 돌보는 데 과도한 시간을 보내지 말고 이성을 계발하고 보살피라는 에픽테투스의 가르침과 본질적으로 같다. 이런 점에서 에픽테투스의 가르침은 플라톤의 로고스중심주의적 금욕주의를 계승하고 있는 셈이다.

에픽테투스의 가르침은 오늘날에도 삶의 지혜로서 가치가 있을 것이다. 특히 좌절하고 불행한 사람들에게는 복음이 될 수도 있을 것이다. 그래서 그의 『어록』은 중세에는 기독교 신자들의 필독서가 되기도 할 정도로 후세에 큰 영향을 주었다. 하지만 그의 가르침에 몇 가지 물음을 던져 보자. 사람은 과연 자신의 마음을 완전히 지배할 수 있겠는가? 다시 말해 사람은 이성에 의해 욕망을 완전히 지배할 수 있겠는가? 극소수의 사람들만이 도달할 수 있는 경지인 마음의 평정

---

21) 앞의 책, p.13
22) 앞의 책, pp.13-14

(아파테이아)을 대다수의 평범한 사람들에게 바람직한 것으로 제시되어야 하겠는가? 이성과 의지에 의한 욕망의 제어가 자칫 삶을 약화시키지 않겠는가?

(3) 데카르트

에픽테투스의 가르침은 중세의 기독교의 금욕주의와 잘 어우러져 후세에 큰 영향을 주기도 하였다. 하지만 그의 가르침은 철학의 영역에서는 한동안 잊혔다. 근세에 이르러 데카르트, 스피노자, 칸트 등이 에픽테투스의 철학에 관심을 돌렸다. 특히 데카르트는 욕망의 절제와 극기라는 스토아학파의 주제를 에픽테투스를 통하여 자신의 철학 안으로 다시 끌어들였다.

『방법서설』의 세 번째 격률에서 이러한 로고스중심주의적인 금욕주의가 잘 드러나 있다. "나의 세 번째 격률은, 사건의 흐름을 파악하기보다 나 자신을 극기하려고 애쓰는 일이며 또 세계의 질서보다는 오히려 나 자신의 욕망을 변경시키고 또 일반적으로 나의 사유에서보다는 나의 능력에 전적으로 들어오는 것이 없다고 믿도록 애쓰는 것이다."[23] 더 나아가서 사람은 누구나 지성을 잘 활용하면 헛된 욕망에서 벗어날 수 있다고 그는 보았다.

이 세 번째 격률을 잘 지키는 철학자는 욕망으로부터 자유롭고 행복한 생활을 영위할 수 있다. "사람들이 말하듯이 필요성에 의해서만 덕 있는 생활을 영위하기 때문에, 아프면서도 건강을 바라지 않고 또

---

23) 데카르트, 『방법서설』 / 『성찰』 / 『정념론』, 김형효 옮김, 삼성출판사, 1993, p. 67 이하.

감옥에 있으면서도 자유스러운 생활을 원하지 않게 된다. 그리고 새처럼 날기 위해서 날개를 갖기를 희망하거나 또 다이아몬드처럼 단단한 물질로 된 육체를 갖게 되기를 희망하는 경우도 없게 된다. 그러나 이와 같은 모든 사물들을 그러한 각도에서 살펴보는 데 익숙하기 위해서는 오랜 훈련과 거듭 반복되는 명상이 필요하다는 것을 고백한다. 그리고 사물들의 변화로부터 자기 자신을 빼어 낼 수 있었던 철학자들이 많은 고통과 가난에도 불구하고, 행복한 축복 속에서 그들의 신들과 대담 또는 토론할 수 있었던 비밀이 원칙적으로 내가 말한 태도 속에 성립할 수 있었다는 것을 나는 믿고 있다. 왜냐하면 그 철학자들은 자연이 그들에게 준 제한들을 쉬지 않고 생각했으므로 그들은 그들의 생각 외의 아무것도 자신들의 능력 속에 들어올 수 없고, 따라서 그러한 사실은 그들의 능력 밖에 있는 다른 사물들에 대한 애정을 갖지 못하도록 하기에 충분하다는 것을 완전히 깨닫게 되었기 때문이다. 이리하여 그들을 자기들과 같은 철학을 갖고 있지 않는 사람들이 헛되게 자연이나 사물의 변화를 이용할 수 있다고 생각하는(사실은 원하는 것만큼 모든 것을 처리하지 못하면서도) 것보다 더 행복하고 더 자유스러우며, 더 부유하고 더 능력이 있다고 스스로 평가하게 되었는데, 그러한 평가의 이유는 그들 철학자들이 자신들의 능력의 한계를 잘 인식하였기 때문이다."[24]

욕망에 대한 데카르트의 견해를 좀 더 자세히 살펴보기 전에 먼저 실체와 속성에 대한 그의 견해를 살펴보자. 데카르트는 정신과 물체라는 두 가지 실체를 엄격하게 구분하였다. 정신이라는 실체는 사유

---

24) 앞의 책, p. 68.

라는 속성을, 물체라는 실체는 연장이라는 속성을 갖는다. 사유하는 실체인 정신과 연장하는 실체인 물체는 서로 의존하지 않고 영향을 받지 않는다. 그러면 인간의 경우는 어떤가? 인간은 영혼과 육체로 이루어져 있다. 영혼과 육체는 서로 완전히 분리되는가? 그렇지 않다. 뇌의 아랫부분에 송과선이 있어서 이것이 영혼과 정신을 연결한다. 육체의 자극은 송과선을 통하여 뇌에 전달되어 영혼의 감각이 된다. 그리고 영혼의 의지 작용은 송과선을 통하여 육체에 전달되어 육체의 운동 방향을 결정한다. 영혼과 육체는 이런 식으로 상호 작용한다.

데카르트는 영혼을 기계로 간주하지 않았지만 육체는 기계로 간주하였다. 육체는 연장하는 물질적 실체로서 움직이는 기계, 자동기계이다. 하지만 영혼과 육체가 송과선을 통하여 연결되어 있으므로 영혼도 육체의 정념을 예민하게 느낀다. 그리하여 우리는 육체의 정념을 다스리기 위해서는 의학적·물리적으로 육체를 인식해야 한다. 그리고 우리는 영혼의 의지에 의해 육체의 정념을 제어해야 한다. 육체의 정념에 대한 제어는 정신력의 강약에 달려 있다. "각자가 그의 정신의 강약을 알 수 있는 것은 그 싸움들의 성공 여부에 의한다. 왜냐하면 의지가 자연스럽게 그 정념들을, 아니면 그 정념들을 수반한 육체의 운동을 가장 용이하게 정복할 수 있는 사람들은 의심할 것 없이 가장 강한 정신을 가지고 있기 때문이다. 그러나 자신의 힘을 시험해볼 수 없는 사람들이 있으니, 이들은 의지로 하여금 의지의 고유한 무기로 싸우게 하지 않고 다른 어떤 것들에 저항하기 위하여 어떤 정념들이 제공하는 무기로 싸우게 하기 때문이다. 내가 그 고유한 무기라고 명명하는 것은 선과 악의 인식에 관한 확고하고 단호한 판단들이다. 이 판단들을 따라 의지는 그의 생존활동을 하려고 결정한다."[25]

정신력이 약한 사람은 의지가 정념을 제대로 지배하지 못하여 정념에 휘둘리게 된다. 하지만 정신력이 약한 사람이라 하더라도 오랫동안 훈련하고 충분히 노력하면 의지가 정념을 지배할 수 있다. "아무리 약한 정신의 소유자라 할지라도, 그들을 훈련하고 지도하는 데 충분한 노력이 가해진다면, 그들은 그들의 모든 정념들에 대한 절대적인 지배권을 얻을 수 있다." 이리하여 데카르트는 이성과 의지에 의한 정념의 지배가 가능하다고 보았다. 욕망도 정념에 속한다. 따라서 욕망도 이성과 의지에 의해서 지배될 수 있는 셈이다.

그러면 데카르트는 욕망을 어떻게 정의하는가? 그는 욕망을 플라톤과 마찬가지로 결핍으로 이해했다. 또한 그는 욕망을 미래라는 시간과 관련시켰다. "욕망이라는 정념은 정기들에 기인된 정신의 분란으로서 그 정기들을 정신이 알맞다고 여기는 것들을 정신으로 하여금 장차 원하도록 만든다. 그래서 우리는 눈앞에 없는 선한 것들의 현존만이 아니라, 현재 존재하고 있는 것의 보존도 아울러 바란다. 그리고 나아가 이미 지니고 있는 악과 장차 닥치지도 모를 악의 결여를 바란다."26) "왜냐하면 아직 소유하고 있지 않은 선한 것을 얻기를 바라거나 아니면 일어나리라고 판단되는 악한 것을 피하기를 바랄 때만이 아니라, 선한 것의 보존을, 아니면 악한 것의 제거를(이 정념에 미치는 한에서 존재하는) 원할 따름인 경우에도 그 정념은 미래를 중시한다는 것이 명백하기 때문이다."27)

---

25) 앞의 책, p. 231.

26) 앞의 책, p. 233.

27) 앞의 책, p.237. 데카르트가 욕망을 결핍으로 이해했다고 하더라도 그는 욕망의 다양성을 알고 있었다. "왜냐하면 예컨대 바로 인식에 대한 욕망이라 말할 수밖에 없는 호기심은 명예욕과 매우 다르며, 이 명예욕은 복수욕과 다르며 또한 다른 것들의 경우에도 그렇기 때문이다."(앞의 책, 249쪽)

욕망은 정념의 일종으로서 정념들 중에서 쾌락을 수반하는 가장 자극적인 정념이다. 하지만 데카르트는 욕망이 무조건 나쁘다고 생각하지 않았다. 욕망은 참된 인식에서 유래하고 지나치지 않다면 나쁠 것이 없다. "욕망에 관해서 말하자면, 그것이 참된 인식에서 유래하고, 그것이 지나치지 않고 또 그 인식이 욕망을 다스리고 있다면, 나쁜 것일 수 없다는 것은 명백하다."[28]

데카르트에 따르면 우리가 할 수 있는 일은 정신을 가능한 한 덜 유익한 다른 모든 종류의 욕망으로부터 해방시켜서 욕망을 가져야 할 대상의 좋은 점을 분별하는 일이다. 그렇게 해서 우리는 욕망을 제어하는 습관을 들여야 한다. 이럴 때 데카르트는 에픽테투스의 가르침을 끌어들인다. "욕망들에 관해서 가장 흔하게 범하는 오류란, 전적으로 우리에게 의존하는 것들과 전혀 우리에게 의존하지 않는 것들을 충분히 구분하지 않는 데서 생기는 것처럼 보인다."[29] 요컨대 우리의 자유의지에 의존하는 욕망과 그렇지 않은 욕망을 구별하고 우리의 자유의지에 의존하는 욕망이 선한 것임을 우리는 충분히 인식해야 하는 셈이다.

이렇게 본다면 욕망에 대한 데카르트의 견해는 로고스중심주의적인 금욕주의를 계승하고 발전시키고 있음을 알 수 있다. 그가 욕망을 전면적으로 부정하지 않고 선한 욕망을 긍정하긴 했지만 욕망이 이성과 의지에 의해 제어되고 정복되어야 한다는 로고스중심주의적 욕망담론으로부터 그의 욕망담론은 벗어나지 않기 때문이다.

---

28) 앞의 책, p. 274.
29) 앞의 책, p. 276.

(4) 헤겔: 욕망-타자-노동

헤겔은 플라톤의 욕망과 이성, 자연과 정신의 위계질서와 로고스중심주의를 고스란히 물려받았을 뿐만 아니라 변증법적 논리로 체계화하였다. 헤겔의 욕망담론에서도 이러한 특성이 두드러지게 나타난다.

헤겔은 정신이 직관적으로 파악될 수 없다고 보았다. 정신은 자신이 정신임을 스스로 입증해야 한다. 정신은 개념의 운동을 통하여 드러날 수 있을 뿐이다. 다시 말해서 정신은 개념의 운동을 통하여 자신을 실현하고 자기의식에 도달한다.

『정신현상학』의 자기의식의 단계에서 헤겔은 지양의 의미를 정신의 자기상실과 자기회복의 과정으로 이해하였다. "자기의식에 대하여 또 하나의 자기의식이 대치한다. 자기의식은 *자신 밖*으로 나왔다. 이것은 이중의 의미를 갖는다. 첫째로, 자기의식은 자기 자신을 상실해 버렸다. 왜냐하면 자기의식은 자신을 또 다른 본질로 여기기 때문이다. 둘째로, 자기의식은 그럼으로써 타자를 지양했다. 자기의식은 타자를 본질로 보는 게 아니라 타자에서 자기 자신을 보기 때문이다. 자기의식은 이러한 자신의 타재를 지양하지 않으면 안 된다. 이것은 최초의 이중의미의 지양이다."30) 이러한 의미의 지양은 타자의 부정이 곧 자기의 부정이라는 이중의 의미를 지닌다. 그리하여 이러한 지양은 정신의 운동을 전체적으로 잘 드러내 준다. 정신은 자기 자신에게만 머물러서는 결코 자기의 실현이나 자기의 인식에 도달할 수 없다. 정신은 항상 자신으로부터 나와서 타자를 거쳐서 자신으로 귀환

---

30) G. W. F. Hegel, *Phänomenologie des Geistes*, Meiner, 1952, S. 141.

한다. 정신은 타자를 경유해서만 자신을 확신하고 자신을 인식할 수 있다. 이 과정에서 타자는 지양된다. 따라서 타자가 없이는 정신도 성립할 수 없는 셈이다.

『논리학』에서 헤겔은 지양의 개념을 부정하면서 보존하고 고양한 다는 의미를 지닌다고 말하였다. 정신은 자신의 정체를 확보하기 위해서는 자신에게 부정의 의미를 띠는 타자를 부정해야 한다. 자기의식의 단계에 등장하는 욕망은 이러한 부정의 의미를 지닌다. 욕망은 일단 타자의 자립성을 부정하여 타자를 동화하여야 하기 때문에 순수한 부정성이다. 하지만 욕망은 자기의식을 부정하는 타자를 부정해야 하기 때문에 부정의 부정이라는 의미도 지닌다.

『정신현상학』에서 욕망은 정신이 자신을 인식하고 자신을 실현하는 과정의 주요한 계기로 등장한다. 하지만 욕망은 정신이 자신을 확신하고 실현하기 위한 간주곡일 뿐이고 결국 이성에 굴복할 수밖에 없다. 『정신현상학』에서 드러나는 개념의 운동도 의식, 자기의식, 이성, 정신의 순서로 전개된다. 욕망은 『정신현상학』의 「자기의식」 후에 등장한다. 개념의 운동이 전개되는 순서를 고려해 볼 때에도 욕망은 이성보다 낮은 단계에 있다. 그리하여 헤겔철학에서는 욕망은 이성적으로 지양되어야 할 운명에 있다.

욕망에 대한 플라톤의 견해는 두 가지 점에서 로고스중심주의적이다. 첫째로, 그는 욕망을 이성의 타자로 이해했다. 둘째로, 그는 이성이 욕망을 지배하고 제어해야 한다고 보았다. 헤겔은 플라톤의 이러한 로고스중심주의적 욕망담론을 발전시키고 완성하였다. 그도 욕망을 이성의 타자로 이해했고 욕망을 이성적으로 길들이고 도야해 나가려고 했기 때문이다. 그렇지만 그는 욕망의 사회성과 역사성을 통찰하였기에 플라톤보다 더 적극적으로 욕망을 파악했다. 그는 욕망을 통해서 변증법적으로 이성의 기획을 실현하려고 하였기 때문이다. 그는 결코 욕망, 욕구, 충동과 같은 열정을 배제하거나 말살하려고 하지 않았다. 오히려 그는 그것들을 정신이 스스로를 실현하는 중요한 계기로 삼았다. 그의 다음과 같은 말은 이 점을 잘 드러내 준다. "위대한 어떤 것도 열정(Leidenschaft) 없이는 성취되지 않았고 또한 성취될 수도 없다."31)

욕망(Begierde)과 욕구(Bedürfniss)는 일반적으로 혼용되어 왔고 혼용되고 있다. 헤겔도 욕망과 욕구를 때때로 혼동해서 쓰기도 했다. 하지만 헤겔은 자기의식의 차원에서 욕망과 욕구를 명백히 구분하기도 했다. 욕망(Begierde)은 독일어로는 목마름이나 굶주림 같은 생리적인 차원에 머물지만 헤겔이 『정신현상학』에서 욕망을 인간학적이고 형이상학적인 차원으로 끌어들였다. "욕망을 위한 독일어 Begierde는 불란서어 désir와 영어 desire에 의해 전달되는 인간학적 의미보다도 동물적 욕구를 가리킨다. …… 이 용어는 명백하게 동물적 굶주림의 의미를 획득한다. 감성적인 지각 세계는 그것이 소비를 위해 요구되고 생의 재생산을 위한 수단이라는 의미에서 욕망한다. 우리가 욕망의 텍스트적인 전개를 따를 때, 우리는 인간의 욕망은 그것의 반성적 성격, 그것의 암묵적인 철학적 기획 그리고 그것의 수사적 가능성들 덕분에 동물의 욕망으로부터 구분된다."32)

『정신현상학』의 자기의식 章에서 헤겔은 욕망의 인간학적이고 형이상학적인 토대를 해명하였다. 『정신현상학』은 의식 경험의 학으로

---

31) G. W. F. Hegel, *Enzyklopädie der philosophischen Wissenschaften* 1830, Meiner, 1975, S. 383–384.
32) J. Butler, *Subjects of desire*, Columbia university, 1999, p.33.

서 의식으로부터 출발하여 자기의식, 이성을 거쳐서 절대정신에 도달하려는 정신의 자기인식을 서술한 텍스트이다. 욕망은 정신의 이러한 자기인식의 한 계기를 이룬다.

의식의 단계에서 정신은 겨우 타자에 대한 인식 내지는 세계에 대한 인식에 도달하였다. 자기의식의 단계에서 정신은 의식에서 보존되어 있는 감성적 세계나 타자를 비로소 자기 자신과의 통일이라는 계기에서 보존한다. 자기의식은 자기 자신과의 통일을 타자를 통하여 확보해야 하므로 자기의식은 대상 세계의 타재성을 부정하고 다시 자신과의 통일을 이룩해 가는 반성적 운동에 의해서 자기를 정립한다. 동물도 식물이나 동물을 먹어 치움으로써 대상 세계를 부정한다. 하지만 동물의 욕구는 자연을 넘어서지 못하고 자연에 매몰되어 버린다. 동물은 기껏해야 자기−감정에 도달할 뿐이다. 그렇기 때문에 자기의식이란 인간에게 고유한 욕망이다. "자기의식이란 *욕망* 일반이다."33)

자기의식의 직접적인 욕망이 겨냥하는 대상은 생명이다. 그리고 이 새로운 대상인 생명이라는 타자를 절멸함으로써 자기의식은 욕망을 충족하여 자기 자신과의 통일을 정립하고 자기의 존재를 확신하려고 한다. 자기의식의 이와 같은 욕망 충족 속에서 자기의식은 대상의 지양을 위해서 자기 외의 타자를 전제할 수밖에 없다. 그렇기 때문에 자기의식은 대상에 도리어 제약되어 버린다. 이러한 직접적인 욕망 충족에서는 자기의식은 자기확신을 위하여 끊임없이 대상을 재생산하고 대상의 재생산은 욕망의 재생산을 야기하게 된다. 자기의식

---

33) G. W. F. Hegel, *Phänomenologie des Geistes*, Meiner, 1952, S. 135.

의 이러한 욕망 충족 방식은 악무한의 궤도에 들어갈 수밖에 없다. 그래서 자기의식은 자기확신을 위하여 욕망 충족 방식을 바꿀 수밖에 없다.

이제 욕망의 대상은 절멸할 수 없는 보편적 실체인 자립적인 대상이 되는 셈이다. 이 새로운 대상이 바로 또 다른 자기의식이다. 자기의식의 욕망 충족 방식도 대상이 바뀜에 따라 필연적으로 바뀐다. 자기의식은 다른 자기의식으로부터 인정을 욕망하기에 이른다. 다시 말해서 자기의식은 타자의 욕망을 욕망한다. 이때 자기의식끼리 순수한 독자성을 마련하기 위해서 생사를 건 인정 투쟁에 들어선다. 이 인정 투쟁에서 싸워 이긴 쪽이 자립적 자기의식, 즉 주인이 되고 죽음이 두려워 패한 쪽이 비자립적 자기의식, 즉 노예가 된다. 주인은 노예의 인정을 받으면서 사물의 향유를 누린다. 하지만 그의 현존은 노예의 봉사와 노동에 의존함으로써 주인은 거꾸로 비자립적 의식으로 전락한다. 그 반면에 노예는 주인으로부터 인정받지 못한다. 노예는 공포를 온몸으로 느껴 욕망을 억제하여 주인의 욕망에 상응하는 노동에 몰두할 수밖에 없다. 하지만 노예는 사물을 소비하지 않기 때문에 대상의 자립성을 절멸하지 않는다. 오히려 노예는 노동을 통해 사물을 가공하고 형성함으로써 대상의 자립성을 체득하고 자신이 독자적 존재임을 깨우친다. "이에 반해서 노동은 저지된 욕망, 억류된 소멸 작용이거나 사물을 형성한다. …… 노동하는 자에게 바로 대상은 자립성을 갖고 있기 때문에, 노동하는 의식은 이를 통하여 자기 자신이 자립적인 존재임을 직관하기에 이른다."[34]

---

34) 앞의 책, S. 149.

노예의 노동에서 비로소 주체가 대상의 향유로부터 해방되고 대상 자체가 주체와 대상의 관계로부터 해방된다. 그리고 나서 노예는 향유로부터 해방된 대상을 다른 주체로 발견한다. 따라서 노동은 욕망의 더 높은 형태로서 이미 금욕주의를 예고하고 있다. 헤겔은 『철학강요』나 『법철학』에서도 주인과 노예의 변증법을 통과해야만 인간은 이성적 자유를 누릴 수 있다는 점을 누누이 강조하였다. 여기에서 우리는 헤겔이 욕망을 플라톤보다 더 적극적으로 정신의 한 계기로 삼는 듯하면서도 결국에는 이성적으로 욕망을 억압하고 제어하려는 로고스중심주의적 욕망담론을 지향하고 있음을 알 수 있다.

　　『법철학』의 시민사회 후에서는 욕망이 아니라 욕구가 다루어진다. 여기서 욕구는 사회적인 차원에서 이해되지만 욕망은 그렇지 않다. 욕망과 욕구는 다 같이 헤겔에 의해서 결핍과 관련해서 파악되지만 분명히 구별되기도 하였다. "이러한 구별 일반이 자기의식의 개념에서 현저해지는 한, 자기의식은 그 자신 안에서의 타재의 감정, 자기 자신에 대한 부정의 감정 또는 결핍의 감정, 즉 하나의 욕구를 지닌다. …… 욕망의 활동은 대상의 타재, 이 타재의 존립 일반을 지양하고 대상을 주체와 합일시킨다."[35]

　　『정신현상학』의 자기의식 후은 인격의 등장을 예고하기 때문에 욕구가 아니라 욕망이 문제가 된다. 하지만 『법철학』의 시민사회에 등장하는 인격은 이미 주인과 노예의 변증법을 통과했기 때문에 욕망이 아니라 욕구가 화제가 된다.

　　『법철학』에서 인간의 욕구와 욕구 충족이 동물의 욕구와 욕구 충

---

35) Hegel, *Nürnberger und Heidelberger Schriften*, G. W. F. Hegel Werke, Bd.,4, Suhrkamp, 1970, S. 117-118.

족과는 다름을 헤겔은 지적한다. 동물은 인간에 비해서 욕구도 제한
되어 있고 욕구를 충족하는 수단이나 방법의 범위도 제한되어 있다.
"동물은 특이한 존재로서, 그것은 자기의 본능을 지니고 또한 이것을
충족시킬 수 있는 수단을 갖고 있지만 이 수단에는 일정한 한계가 있
어서 결코 이를 넘어설 수 없다." 그러나 인간의 욕구는 무한히 뻗쳐
나갈 수 있다. 게다가 인간의 욕구를 충족하는 수단이나 방법은 아주
다양할 뿐만 아니라 추상화되어 있다. 예를 들어 의식주에 대한 욕망
의 경우에도 동물처럼 자연에 안주하기보다는 오성의 능력에 의해서
자연적인 직접성을 파괴하여 욕구를 다양화하고 세련화한다.

이러한 욕구의 다양화와 세련화는 욕구의 충족이 타인의 욕구와
노동에 의해서 전면적으로 이루어지는 상호 의존의 체계인 시민사회
에서 절정에 도달한다. 그래서 헤겔은 시민사회를 욕구의 체계라고
불렀다. 시민사회에서는 나의 욕구와 욕구 충족이 타인의 욕구와 노
동에 사회적으로 매개되어 타인의 욕구와 노동과 그물처럼 촘촘하게
연결되기 때문이다. 『법철학』에서 욕구는 사회적인 분업과 추상적인
노동에 기반하고 있으며 복수(複數)의 형식으로 등장한다.

헤겔은 욕망이 욕구들로 분산됨으로써 욕망이 약화되리라고 생각
한 듯하다. "욕구의 다양화 속에는 오히려 욕망의 억제 요인이 담겨
있다."36) 그리고 들뢰즈에 앞서서 헤겔은 욕구가 사회적으로 조작될
수 있다고 보았다. "그 어떤 욕구가 불 붙여지는 것은 그 자신이 직접
욕구를 품는 바로 그 사람에 의해서보다는 오히려 이 욕구의 발생을
통하여 이득을 얻으려는 그런 사람에 의해서 야기되는 것이다."37)

---

36) 헤겔, 『법철학』 II, 임석진 역, 지식산업사, 1990, 190절 보유. 이 책은 Bedürfniss와 Begierde의 번역을
   혼용하기 때문에 바로 고쳤다. 이하에서도 마찬가지다.

욕구의 이러한 다양화와 세련화는 시민사회의 특수성의 계기와 오성적 기능에 의해서 추동된다. 이것이 시민사회의 이기적 분열을 야기하기도 하지만 욕구의 다양화와 세련화는 노동과 함께 인간을 보편성의 경지로 도야한다. "내가 타인에게 맞추어 나가지 않으면 안 된다는 것으로부터 보편성의 형식이 나온다. 나는 타인으로부터 충족을 위한 수단을 얻어옴으로 인하여 나는 타인의 의견을 받아들이지 않을 수 없다. 동시에 나는 여기서 타인의 만족을 위한 수단을 강구하도록 강요당한다. …… 즉 의복을 걸치는 양식에서나 식사하는 시간에는 누구나 받아들여야 할 일정한 한계가 있다."[38] 나의 욕구를 충족시키기 위해서는 나의 특수성을 죽이고 사회의 보편성을 받아들여야 한다. 즉 나의 특수성을 사회의 보편성에로까지 해방시켜야 한다. 이때 인간의 욕구는 자연적 욕구와 이 욕구의 직접적 충족이 빚어내는 조야하고 부자유스러운 상태를 극복해 나갈 수 있다.

　복수(複數)의 형식으로 등장하는 욕구는 노동과 함께 시민사회에서 이성적 보편성으로 인간을 해방하고 도야하는 중요한 계기이다. 한편으로는 헤겔이 욕망과 욕구를 구분하고 욕망과 욕구 그리고 노동을 통하여 정신의 해방과 도야를 도모했다는 점에서 욕망에 대한 더 진전된 이해를 엿볼 수 있다. 하지만 다른 편으로는 헤겔은 욕망을 욕구들로 분산하여 욕망의 힘을 저지하려고 하였고 욕구의 다양성과 세련화를 통하여 욕망을 쥐어짜려고 하였다. 이러한 도야의 과정은 이성적으로 욕망이나 욕구를 지양하는 과정이다. 따라서 욕망이나 욕구가 이성적으로 지양된다는 점에서 헤겔의 욕망담론은 더 교묘하고

---

37) 앞의 책, 191절 보유.
38) 앞의 책, 192절 보유.

강력한 로고스중심주의적 욕망담론이라고 할 수 있을 것이다.

마지막으로 한마디 더 하자. 그는 『정신현상학』에서 스토아학파의 금욕주의를 외적 현실을 포기하고 내면의 자유를 추구한 사상이라고 비판하였다. 그렇지만 헤겔철학에서 욕망이나 욕구가 이성적으로 지양된다면 그의 욕망담론도 금욕주의로부터 멀리 떨어져 있지 않는 셈이다.

(5) 20세기의 욕망담론

20세기는 욕망의 시대이다. 플라톤으로부터 헤겔까지 이어지는 욕망담론의 로고스중심주의와 금욕주의는 20세기에 들어서면서 힘을 잃어버린다. 이미 17·18세기에 스피노자는 『윤리학』에서 욕망이 인간의 본질이며 이성이 욕망을 지배할 수 없음을 지적하였다. 파스칼도 『팡세』에서 사람은 자신의 마음을 완전히 지배할 수 없음을 들어 에픽테투스를 비판하였다. 19세기의 철학자 니체도 플라톤 철학의 로고스중심주의적이고 금욕주의적인 경향을 비판하였을 뿐만 아니라 기독교의 노예근성과 금욕주의를 맹공하였다. 20세기 초엽에는 로고스중심주의와는 다른 철학적 경향, 즉 생철학이나 철학적 인간학 등이 강단철학에도 드디어 등장하였다. 특히 철학적 인간학을 제창한 셸러는 금욕주의가 인간에게는 무리한 요구라고 주장하였다.

20세기에 들어서면서 서양철학은 로고스중심주의나 금욕주의와 결별하고 금욕주의와는 전혀 다른 욕망담론을 낳았다. 특히 프랑스에서 헤겔철학의 영향 아래에 대거 욕망담론이 쏟아져 나왔다. 헤겔은 서양철학의 역사에서 로고스중심주의적 욕망담론의 정점에 서 있는 철학자이다. 하지만 그는 욕망을 형이상학의 차원으로 끌어올렸을 뿐만 아니라 그 이전의 누구보다도 욕망의 역동성을 잘 통찰하였다. 그리고 이러한 통찰은 그의『정신현상학』과『법철학』에 드러나 있다. 그러나 그의 욕망담론은 코제브가 헤겔의 욕망담론을 소개할 때까지는 별로 주목을 받지 못했다.

　헤겔철학이 프랑스 지식인들의 영감을 자극하게 된 계기는 20세기 초엽에 코제브가 바타이유, 라캉, 레비나스, 사르트르 등이 포함된 프랑스 지식인들을 대상으로 행한 헤겔강의였다. 이 강의에서 코제브는 욕망을 헤겔철학의 주요한 기획으로 간주하여『정신현상학』의「자기의식」章에 집중하여 헤겔철학을 해석하였다. 그리고 그는 인간의 욕망을 동물의 욕구와 구별하여 타자의 욕망을 욕망하는 것으로 해석하였다. 코제브에 따르면 인간은 깃발을 차지하거나 타인의 인정을 얻기 위해서 목숨을 걸고 싸우지만 동물은 그렇지 않다. 코제브의 이러한 견해에 영향을 받아 라캉, 들뢰즈, 지라르 등은 인간적 욕망을 동물적 욕구보다 우위에 두었다. 코제브가 1930년대에 행한 강의는 헤겔에 대한 인간학적 해석으로서 프랑스 지식인들을 매료시켰다. "코제브의 강의가 그의 수강생들을 그토록 사로잡았던 이유는 그때까지 철학이 접근할 수 없었던 실존의 영역들(정치적 냉소주의, 학살과 폭력의 미덕, 좀 더 포괄적으로 발하면 <이성의 비합리적 기원>)을 가로지르게 함으로써 철학을 연루시키는-≪위험한 만남≫이라고 흔히 말하는 의미에서-코제브의 재능에 있다. 코제브의 열변의 재능 덕분에 헤겔철학의 부끄러운 부분으로 간주되어 왔던 헤겔작품의 이러한 양상들이 이제 그 가치를 지니게 되었다."[39]

　그리하여 코제브의 헤겔강의는 바타이유, 라캉, 레비나스, 사르트르, 들뢰즈, 지라르 등의 욕망담론에 자극과 영향을 주었다. 그리고 이들의 욕망담론으로 말미암아 프랑스는 20세기 욕망담론의 요람이 되었다. 바타이유의 에로티즘의 욕망, 라캉의 결핍으로서의 욕망, 들뢰즈의 욕망의 탈주, 지라르의 모방적 욕망 등도 이러한 분위기와 토양에서 자라났으며 직간접적으로 헤겔철학과 관련을 맺게 되었다.

이 글에서는 20세기의 욕망담론의 큰 흐름을 이 네 사상가를 중심으로 살펴보겠다. 그들의 욕망담론이 욕망의 여러 특성을 대표적으로 잘 드러내기 때문이다.

가) 바타이유 - 에로티즘의 욕망

바타이유는 생전에 '오물의 작가'라든가 '미치광이'로 경멸받고 비판받았다. 바타이유가 평생 동안 어두운 심연의 에로티즘을 내적 체험을 통해서 드러내려고 했기 때문이다. 하지만 프랑스철학에 대한 그의 영향은 상당하다. 그의 전복과 위반의 사유, 극단을 달리는 광기의 사유는 푸코의 '광기의 역사', 데리다의 '해체', 들뢰즈의 '욕망의 탈주' 등이 딛고 있는 발판이다. 특히 그가 제창한 에로티즘은 20세기 욕망담론의 금자탑이라고 할 수 있을 것이다.

바타이유는 『저주의 몫』에서 생산과 축적에 초점을 맞추어 경제성장을 추구하는 제한된 경제의 관점에 맞서서 소비와 낭비에 초점을 맞추는 일반적 경제의 원칙, 즉 과잉 에너지의 사용이라는 원칙을 강조했다. 저비용 고효율과 유용성에 바탕을 두는 성장제일주의는 과잉의 재앙을 초래할 뿐이다. 바타이유에 따르면 비생산적 소비와 낭비

---

39) 벵상 데꽁브, 『동일자와 타자』, 박성창 옮김, 인간사랑, 1990, p.25.

가 경제의 성장에 필연적으로 수반될 수밖에 없다. 비생산적 소비와 낭비가 없이는 공동체의 유지와 결속도 경제의 성장도 순조롭게 이루어질 수 없기 때문이다. 그의 일반적 경제의 원칙은 오늘날의 소비사회에 잘 맞아떨어진다. "『저주의 몫』이 발표된 시기의 서구의 지식인들은 그 절대다수가 케인즈의 자본주의 경제학 혹은 마르크스의 공산주의 경제학을 신봉했는데, 양자는 공히 생산의 경제학의 영역에 속한다. 축제, 기념물 건조, 사치, 화려한 제의, 도박, 예술, 에로티즘, 전쟁 없이 인류가 존속할 수 없다는 바타이유의 주장은 생산과 축적을 금과옥조로 여기던 시대정신에 비추어 그야말로 '정신 나간' 주장이 아닐 수 없었다. 그런데 바타이유의 '소비의 경제학'은 20세기 후반으로 가면서 그 정당한 빛을 발하기 시작했다. 20세기 후반 서구사회는 대중소비의 길로 들어섰는데, 바타이유의 '소비의 경제학'은 대중소비사회를 설명하는 데 유용하기 그지없었다. 왜냐하면 대중소비사회에서 인간의 자기 정체성 확보는 바로 소비를 통해 이루어졌기 때문이다."[40]

바로 에로티즘은 바타이유가 그토록 강조했던 비생산적 소비와 낭비의 대표적 예이다. 에로티즘은 낭비와 파괴이자 파멸과 타락으로 내딛는 걸음이며 황홀경과 짜릿한 쾌락을 맹목적으로 추구하는 욕망이다. 하지만 에로티즘은 예술과 종교, 범죄와 폭력, 희생제의와 축제, 성과 사랑 등의 밑바닥에 자리 잡고 있다. 그리하여 여기서는 『에로티즘』을 통해서 바타이유의 욕망담론을 살펴보겠다.

바타이유에 따르면 욕망의 대상은 우주이거나 존재의 총체성, 존

---

40) 유기환, 『바타이유』, 살림, 2006, p.213.

재의 단순성이다. 지성과 이성에 의해서는 우리는 욕망의 대상에 도달하지 못한다. 지성과 이성은 수단과 목적, 대상과 주체를 분리시키는 추상화 과정 때문에 유용성의 상호 의존이라는 악순환을 넘어서지 못하기 때문이다. 따라서 우리가 지성과 이성에 의해서는 그 자체가 목적인 총체성과 우주 자체를 체험할 수 없다. 다시 말해 우리는 대상과 주체가 합일되는 충일한 경지를 체험할 수 없다. 하지만 우리는 지성과 이성의 바깥에 있는 에로티즘의 영역에서 그런 경지를 가장 잘 체험할 수 있다.

금기는 결핍과 마찬가지로 욕망을 불러일으킨다. 결핍은 인간에게 타자의 욕망(타자를 욕망하거나 타자의 욕망을 욕망함)을 불러일으킨다. 그 반면에 금기는 금기가 쳐 놓은 경계선을 넘으려는 위반의 욕망을 불러일으킨다. 금기와 위반의 욕망은 바로 에로티즘의 영역에 속한다. "에로티즘의 영역은 본질적으로 폭력의 영역이며 위반의 영역이지 않은가?"[41] 따라서 에로티즘은 금기의 폭력적 위반이다.

유성생식을 하는 인간은 본래 불연속적인 존재이다. 생식이 인간의 존재를 불연속적으로 이끈다면 죽음은 다시 인간 존재를 연속성으로 이끈다. 죽음이 인간 존재를 연속성으로 이끌기 때문에 죽음은 인간에게 현혹적이다. 에로티즘도 마찬가지이다.

인간은 불연속적 존재이면서도 잃어버린 연속성을 욕망한다. 우리는 덧없이 사라지는 존재의 고립감을 못 견뎌 하고 존재의 연속감을 찾으려고 한다. 이러한 욕망이 육체의 에로티즘, 심정의 에로티즘, 신성의 에로티즘으로 나타난다. 여성과 남성이 서로 발가벗고 열정적으

---

41) 조르주 바타유, 『에로티즘』, 조한경 옮김, 2009, p.17 이하.

로 성적 결합을 할 때, 그들은 혼미상태에서 육체적 융합과 정신의 융합을 느낌으로써 존재의 연속감을 느낀다. 남녀의 이러한 성적 결합에서 우리는 폭력과 죽음의 제의적 희생을 읽을 수 있다. 여성은 희생양이고 남성은 제물을 봉헌하는 자로서 해석될 수 있기 때문이다. 남녀의 성적 결합에서 오는 환상적이고 강력한 쾌락의 체험은 종교의 신비체험(梵我一如, 天人合一)과 유사하다. 둘 다 연속성으로의 접근, 연속성에 의한 도취를 불러일으켜서 인간을 죽음의 문턱으로 안내하기 때문이다. 그래서 에로티즘은 죽음까지 파고들어 '죽음까지 인정하는 삶'[42]이라는 의의를 갖는다.

인간이 노동을 하고 죽음을 의식하고 성행위를 부끄럽게 여기고 나서야 동물성으로부터 벗어나고 인간에게 금기가 생겨났다. 금기는 인간의 어떤 근본적인 감정의 결과로서밖에 주어지지 않는다. 그러나 평상시에는 금기가 의식되지 않는다. 우리가 금기를 깨뜨리고 싶은 충동에 무릎을 꿇을 때, 금기는 고뇌와 죄의식과 함께 의식된다. 금기를 어기려는 충동과 금기의 밑바닥에 깔려 있는 고뇌와 죄의식도 동시에 느낄 때 에로티즘의 내적 체험은 가능해진다. 이 체험은 종교적 체험과 유사하다.

금기와 관계하는 근본적인 것 두 가지는 죽음과 성이다. 죽음과 관계되는 금기는 살해의 금기다. 폭력에 의한 살해는 노동의 질서와 공동체를 위협하기 때문이다. 또한 인간은 언제 어느 곳에든 일정한 규칙과 제한 속에서 성행위를 해 왔기 때문에 아주 오래전부터 성에 대한 금기가 있었을 것이다. 그리고 성에 제한을 가하는 금기는 일반적

---

42) 앞의 책, p.11.

이고 보편적인 어떤 것이다. 예를 들어 근친상간의 금기는 성에 대한 금기의 한 가지 양상에 불과하다. 근친상간의 금기는 성적 폭력을 막아서 집단적 질서를 보호하기 위한 것이었을 것이다. 성과 관계하는 금기들로는 월경과 출산의 피에 대한 금기도 있다. 이 금기들은 폭력에 대한 공포와 관계하는 금기라고 할 수 있다. 출혈이란 내적 폭력이 밖으로 드러나는 것이며 피는 그 자체가 이미 폭력의 상징이다.

이와 같은 금기들은 일상적 질서와 흐름을 방해하는 폭력과 에너지의 남용을 저지한다. 하지만 금기는 우리에게 공포감을 주면서도 우리를 충동질하기도 한다. 어떤 행위가 금지되면 우리는 공포심 때문에 일단 거기에서 물러나지만 금기를 위반하는 행위에 묘한 매력이 생긴다. 다시 말해서 어떤 행위가 금지되면 그 행위를 더하고 싶은 욕망이 생기는 법이다.

이렇게 볼 때 금기는 확실히 비논리적이다. 금기의 속성이 비논리적이므로 금기는 폭력이 그렇듯이 지성이 아닌 감정에 호소한다. 그리고 금기는 암암리에 위반을 허용하고 조장한다. 그래서 '금기는 위반되기 위해 거기에 있다'는 명제가 생겨난 것이다. 금기가 어쩌다 한두 번 위반되었다 하더라도 금기는 금기로서 그 불가침성이 약화되는 게 아니다. 이런 점에서 살해금기는 전쟁을 막기 위한 것이 아니라 전쟁을 가능하게 하는 규칙이다.

금기의 위반도 금기처럼 규칙을 지닌다. 그러나 위반의 규칙도 금기의 규칙만큼 잘 지켜지지 않는다. 위반은 자유로운 것이 아니다. <어떤 때, 거기까지, 그것이 가능하다>가 위반의 의미이다. 그러나 사실 제한이 한번 무너지면 그것은 무한한 폭력적 충동을 불 지를 수 있다. 그러므로 위반의 순간에도 어떤 위반의 규칙이 존재한다.

어떤 경우에는 금기도 죽음의 폭력에 의해 무너질 수 있다. 예를 들어 갑작스런 왕의 죽음이 약탈과 신성모독을 부를 수 있다. 그러나 이럴 때에도 인간의 위반은 세속을 파괴하지 않은 채 신성의 세계에 한 번 뛰어드는 행위이다. 세속이 금기의 세계라면 신성은 무한한 위반의 세계, 축제의 세계이기 때문이다.

신성과 금기의 차이를 알기 위해서는 경제적인 고찰이 필요하다. 금기란 노동과 생산을 의미한다. 노동시간에는 생산물이 축적되고 소비가 억제된다. 신성의 시간은 축제이다. 축제에도 일상적으로 금기이던 것이 허용되며 위반이 때때로 강요된다. 축제에는 노동으로 축적해 놓은 생산물이 무절제하게 소비된다. 따라서 축제의 근본은 낭비이다.

종교적 행위도 금기와 신성, 축적과 낭비의 두 단계로 이해될 수 있다. 종교적 행위의 절정에서 우리는 금기가 발화시키는 공포감과 역겨움을 극복하려는 충동이 생긴다. 기독교와 불교의 법열은 금기를 위반하는 축제처럼 공포감의 초월을 통해서 그 충일함을 맛볼 수 있다. 바로 이러한 종교적 충일감이 위반의 완성된 형태이다.

그러면 동물성과 관련하여 나타나는 육체적 에로티즘의 위반 형태를 살펴보자. 에로티즘은 전체적으로 보아 금기의 위반이며 인간적 행위이다. 에로티즘은 동물성이 끝나는 데서 시작하면서 동시에 동물성에 기초를 둔다. 동물성과 에로티즘은 깊은 관계를 갖는다. 금기의 위반이 자연으로의 회귀(동물성의 흐름)를 반드시 의미하는 건 아니지만 동물성을 배격하는 것이 금기임에는 틀림없다. 따라서 육체적 성욕은 에로티즘과 밀접한 관계를 갖는다.

에로티즘은 경제적 현실 그리고 닫힌 현실의 질서를 뒤엎는 동요이다. 동물의 성행위는 바로 성적 팽창과 흥분에서 오는 무질서이자 동요이며 아무것도 거기에 저항하지 못한다. 인간의 육체적 에로티즘은 우선 생식기의 팽창으로 시작하여 동물성의 발작을 일으킨다. 생식기의 흥분은 우리의 의지와는 무관하다. 성적 충동에 사로잡힌 사람은 폭력을 짐승처럼 휘두르며 미쳐 날뛴다. 이때 교접하는 여성과 남성은 황홀한 상태에서 의식을 잃고 죽음의 심연에 뛰어 들어감으로써 분리된 불연속적 개체를 벗어나 하나로 결합되어 연속성의 흐름을 맛볼 수 있다. 그러나 그것도 잠정적인 한순간, 죽음의 한순간일 뿐이다. 죽음의 폭력에 의해서만 생이란 축조물은 완전히 전복될 수 있기 때문이다. 따라서 에로티즘은 불연속성에서 연속성으로, 다시 말해 개체적 불연속성을 포기한 채 어떤 가능한 연속성—죽음—으로 미끄러져 들어가게 하며 그것을 느끼게 한다. 에로티즘의 막바지에 이르러 겪는 발작은 하나의 조그만 죽음인 셈이다. 우리로 하여금 연속성을 느낄 수 있게 하는 것이 오직 이성의 세계를 초월한 폭력뿐이라면, 죽음이 예정된 불연속적 존재인 우리로서는 그 최종적인 파열의 순간에 이르러서야 비로소 그 진리를 터득할 수 있을 것이다.

에로티즘은 여성의 아름다움과도 밀접한 관계를 맺는다. 여성은 동물 같아 보이지 않을수록, 신체적·생리적인 모습이 덜 드러날수록, 즉 현실에서 멀수록 더한 욕구의 대상이 된다. 이것과 정반대의 사실도 부인하기 어렵다. 동물성이 깃든 부정적인 아름다움은 우리의 욕망을 일깨우기도 한다.

아름다움을 추구하는 행위도 연속성에 이르기 위한 노력이며 동시에 그것을 모면하기 위한 노력이다. 만약 어떤 남자가 동물성과는 거리가 먼 여자를 더 탐낸다면, 그것은 그 여자를 소유하면 그 이후에 거기에서 드러나는 동물적인 더러움은 특별한 기쁨을 맛보게 하기 때문이다. 아름다움은 더럽혀지기 위해서 욕구되는 법이다. 육체적인 결합을 전제한 인간적인 아름다움도 인간성과 동물성의 대비효과에 의해 드러난다. 여성의 아름다움은 성행위의 동물성을 더 부각시키고 이것이 여성의 아름다움을 모독한다. 에로티즘의 본질이 더럽히기, 모독인 한, 에로티즘에서는 아름다움이 가장 중요하다. 에로티즘에서의 금기는 인간성이며 에로티즘은 그것을 범하는 것이다. 인간성은 위반되고, 모독되고, 더럽혀진다. 아름다움이 크면 클수록 더럽힘의 의미는 그만큼 커진다.

바타이유는 이와 같이 욕망을 에로티즘의 차원에서 이해했다. 그의 에로티즘을 한마디로 요약하기 어렵다. 그러나 한마디로 요약하자면 에로티즘은 금기와 위반의 욕망이라고 할 수 있을 것이다. 이 욕망은 존재의 총체성, 단순성을 지향하며 노동과 생산을 초월하고 폭력적이다. "존재의 정점은 오직 위반의 충동(의식의 전개에 근거한 사고가 노동에 힘입고 있으면서도 스스로 노동에 종속될 수 없음을 알기에 마침내 노동을 초월하려는 위반의 충동) 안에서만 그 온 모습을 드러낸다."[43]

에로티즘은 오늘날 영화나 예술 그리고 광고나 소비의 영역에서뿐만 아니라 가상현실의 영역에서도 뚜렷하게 드러난다. 그렇다면 에로티즘이 욕망의 중요한 한 단면을 드러내 준다고 볼 수 있다. 하지만 그것이 욕망 전체의 모습을 드러내는 것일까? 아닐 것이다. 욕망의 어두운 심연은 에로티즘보다 더 깊고 더 광대하다. 따라서 우리는 라

---

43) 앞의 책, p.322.

캉과 들뢰즈 그리고 지라르의 욕망 이야기도 살펴보아야 할 것이다.

나) 라캉 - 끝없는 욕망의 불투명성

라캉의 욕망담론은 우선 프로이트의 정신분석학에서 출발한다. 라캉은 프로이트의 정신분석학이 원래 의도했던 곳으로 복귀해야 한다고 끊임없이 강조했다. 그렇게 하기 위해서는 소쉬르의 구조주의 언어학의 도움이 필요하다고 라캉은 여겼다. 그리하여 프로이트의『꿈의 해석』에 나오는 꿈의 작업에 그는 주목하였다.

그러면『꿈의 해석』을 통해서 꿈의 작업을 우선 살펴보자. 프로이트는 우선 꿈은 소원 성취이며 성적 충동과 밀접한 관련이 있다고 보았다. "꿈의 해명에 깊이 심취할수록, 성인들이 꾸는 꿈의 대다수가 성적인 재료를 다루며 성애적 소원을 표현한다고 절로 시인하게 된다. …… 아동기 이후 무수히 많은 성분을 가진 성충동만큼 많은 억압을 받은 충동은 아무것도 없으며 또한 그렇게 많은 강한 무의식적 소원을 남긴 충동도 없다. 이 소원들은 이제 수면 상태에서 꿈을 만들어 낸다."[44] 하지만 그는 꿈의 해석에서 성적 충동이 중요한 요소이긴 하지만 그것이 과장되어서는 안 된다고 덧붙였다.

꿈에 대한 프로이트의 정신분석의 중요한 공헌은 첫째로, 그가 꿈을 상형문자 수수께끼로 보았다는 것이다. 둘째로, 그가 꿈을 일종의 심리적 과정으로 간주하여 드러난 꿈의 내용과 꿈의 잠재된 사고를 구분하고 꿈의 숨은 뜻과 무의식의 활동을 하나로 연결했다는 것이다. 그래서 그는 꿈의 해석을 통하여 겉으로 드러난 꿈의 내용을 꿈

---

44) 지그문트 프로이트,『꿈의 해석』, 김인순 옮김, 열린책, 2004, p.468.

의 숨은 뜻으로 환원하여 꿈꾸는 자의 무의식 속에 숨어 있는 동기와 욕망을 찾아내려고 하였다. 그러면 어째서 이렇게 꿈이 구분되는가? 프로이트는 인간의 마음에는 두 종류의 정신적 역량이 있는데 첫 번째 종류의 정신적 역량은 무의식의 동기와 욕망이고 두 번째 종류의 정신적 역량은 사회상의 풍속, 습관과 법률적이고 도덕적인 관념으로서 무의식의 욕망을 억압하고 검열한다. 그래서 무의식의 욕망은 의식의 검열을 받아서 왜곡되고 변형된다. 꿈을 해석하려면 꿈이 소원성취일 뿐만 아니라 꿈에는 억압과 검열의 작용도 있어 꿈이 왜곡됨을 알아야 한다. "모든 사람에게는 다른 이들에게 알리고 싶지 않은 소원, 자신에게도 고백하고 싶지 않은 소원이 있기 마련이다. 다른 한편 이런 꿈들의 불쾌한 특성을 꿈-왜곡의 사실과 연관지어, 꿈-주제나 주제에서 비롯되는 소원을 혐오하고 억압하려는 의도가 있기 때문에 이러한 꿈들이 왜곡되고 소원 성취가 알아볼 수 없게 위장된다고 충분히 추론할 수 있을 것이다. 따라서 꿈-왜곡은 검열 행위로 증명된다. …… <꿈은 (억압되고 억제된) 소원의 (위장된) 성취이다.>"[45]

잠재적 꿈은 터무니없고 불합리하고 무의미한 상징과 영상으로 화장된 의상, 즉 상형문자와 같다. 이 의상은 결코 꿈의 진정한 숨은 뜻이 아니다. 그것은 이 의상의 배후인 무의식에 있다. 아동기에는 아주 드물게 외현적 꿈의 모습에서 꿈의 숨은 뜻이 직접적으로 노출될 수 있다. 그러나 대부분의 꿈은 그렇지 않다. "잠재적 꿈-내용과 외현적 꿈-내용의 관계를 조사하고, 어떤 과정을 통해 전자에서 후자가 생겨났는지 추적해야 한다. 꿈-사고와 꿈-내용은 하나의 내용을 두

---

45) 앞의 책, p.206.

개의 다른 언어로 묘사하는 것과 같다. 또는 더 정확히 말하면 꿈－내용이 꿈－사고를 다른 표현 방식으로 옮겨 놓은 것처럼 보인다. 따라서 우리는 원보와 비교하고 번역하여 다른 표현 방식의 기호와 결합 방식을 알아내야 한다. 꿈－내용은 마치 상형문자로 쓰여 있는 것 같기 때문에 기호 하나 하나를 꿈－사고의 언어로 옮겨 놓아야 한다."[46]

이 가장과 변형의 과정이 꿈의 작업이다. 꿈의 작업은 대단히 복잡하지만 압축과 전위의 작용으로 나눌 수 있다. 압축이란 숨은 뜻의 개별적인 요소에 의해 전체가 대표되거나 숨은 뜻의 여러 요소들이 하나로 표현되는 작용이다. 예컨대 꿈에서 수염이 아버지를 대신하거나 유방이 어머니를 대신한다.

전위는 무의식의 욕망이 사회 윤리적으로 저촉될 수 있기 때문에 직접적으로 표현되지 못하고 사소하거나 유사한 것으로 바뀌어 표현되는 작용이다. "꿈－형성에서 각 요소들의 <심리적 강도의 전이와 전위>가 일어난 것이며 그 결과는 꿈－내용 텍스트와 꿈－사고 텍스트의 차이로 나타난다. 우리가 가정하는 이러한 과정이야말로 꿈－작업의 본질적인 부분이고, 이 과정에는 <꿈－전위>라는 이름이 합당하다. …… 전위의 결과는 꿈－내용이 꿈－사고의 핵심과 같지 않으며, 꿈이 무의식에서 일어난 꿈－소원의 왜곡만을 묘사한다는 것이다."[47] 예컨대 시어머니가 돌아가셨으면 하는 무의식의 욕망은 오랫동안 앓던 이가 빠지는 꿈으로 나타난다.

이러한 꿈의 작업을 통해서 무의식 속에 있는 욕망의 충동이 만족되므로 꿈은 (억압받고 있는) 욕망의 (위장을 통한) 만족이다. 그리하

---

46) 앞의 책, p.335.
47) 앞의 책, p.369.

여 프로이트는 무의식의 욕망과 동기는 쾌감을 추구하는 성적인 원시적 충동인 리비도에서 나왔다고 보았으며 꿈이 함축하는 대부분의 숨은 뜻을 본능적인 성욕과 연결시켰다.

프로이트가 꿈을 상형문자 수수께끼라고 말했다는 점에서 우선 그는 기의에 대한 기표의 우위를 읽어 낸다. 소쉬르의 구조주의 언어학에 따르면 기호는 사물을 재현하기보다는 기표(청각적 영상)와 기의(개념)의 결합, 즉 기호=기의/기표이다. 그렇기 때문에 기호는 자의적이고 기의와 관련해 기표도 자의적이다. 가령 우리는 사과라는 사물을 프랑스어로 pomme라고 부를 수 있고 영어로 apple이라고 부를 수도 있다. 사과의 개념은 사과의 기표와 필연적으로 연결되지 않는다. 따라서 사과의 기표는 사과의 개념으로부터 구분되며 자율적이다. 라캉은 소쉬르의 이러한 견해를 받아들이면서도 기호의 공식(기의/기표)을 뒤집어 기표/기의, 즉 S/s로 뒤집어 놓았다. 기표/기의, 즉 S/s에서 대문자 S는 기표의 원초적 기능과 기의에 대한 기표의 우위를 표시한다. 기표 S는 신경증이나 꿈에서 억압되어 사라진 기의를 대신해서 표현하기 때문에 그는 기표의 우위를 프로이트가 발견한 출발점으로 간주하였다.

프로이트에 따르면 꿈에서 무의식적 욕망이 드러나는 과정에서 일어나는 작업은 압축과 전위다. 하지만 꿈의 작업인 압축과 전위도 수사적인 기능인 은유와 환유에 의해서 가능하게 된다. 꿈의 잠재적 사고는 은유와 환유의 수사적 기능에 의해서 꿈의 내용으로 변환된다. "라캉에게서 은유와 환유 개념은 무의식의 과정에 대한 구조적 개념화를 위한 두 개의 주춧돌이다."[48]

은유는 유사성에 의해서 어떤 기표가 다른 기표로 대체되는 수사적 기능이다. 그리고 환유는 어떤 기표가 인접관계에 있는 다른 기표로 치환되는 수사적 기능이다. 예를 들어 술이 잔으로 치환되는 경우는 환유에 속하고 '여자는 항구 남자는 배'라는 유행가 가사의 비유는 은유에 속한다.

만일 꿈의 작업에서 보듯이 압축과 전위에 의해서 무의식이 구조화되고 압축과 전위가 수사적 기능인 은유와 환유에 의해서 가능하게 된다면 결국 무의식은 은유와 환유에 의해서 결국 구조화된다. 그리하여 무의식이 언어의 조건이 아니라 무의식은 언어의 수사적 기능에 의해 성립하는 논리적 결과이다. 따라서 언어가 무의식의 조건인 셈이다. 그렇다면 인간의 욕망도 언어의 수사적 기능에 의해 성립하는 셈이다.

라캉의 욕망 형성의 단계는 거울의 단계와 오이디푸스 단계로 나뉜다. 거울의 단계에서 아이는 어머니와 하나가 되어 있다고 생각하고 어머니라는 타자의 욕망을 욕망한다. 하지만 이 단계에서 아이의 자아와 욕망은 거울에 비친 아이의 영상, 즉 타자에 의존하기 때문에 환상과 오인을 피할 수 없다. 아버지의 등장으로 아이는 거세, 즉 살해의 공포 아래에서 어머니의 욕망의 대상인 남근이 되려는 욕망을 포기할 수밖에 없다. 이 단계가 오이디푸스 단계이다. 거울의 단계에서 아이가 품었던 욕망과 환상은 억압되고 아이는 열락(Jouissance)을 포기하게 된다. 아이가 열락을 포기하는 이러한 과정을 라캉은 헤겔의 인정투쟁의 변증법에 상응한다고 보았다. 아버지의 은유, 즉 아버지라는 법과 기표의 등장으로 아이는 열락을 더 이상 얻을 수 없다.

---

48) 조엘 도르, 『라캉 세미나』 I, 홍준기 외 옮김, 아난케, 2009, p.82.

그래서 아이는 상상의 세계에서 상징적 세계로 들어가게 된다. 그러면서 아이는 마음에 구멍이 뻥 뚫린다. 그런데 이 구멍은 욕망의 어떤 대상으로도 메워지지 않는다.

이 텅 빈 구멍은 영원히 채울 수 없는 결핍이다. 이 결핍이야말로 욕망을 끊임없이 생산하는 욕망의 대상－원인이다. 이 대상－원인을 라캉은 대상 a라고 불렀다. 인간은 평생 동안 욕망의 실재에 결코 도달하지 못하고 욕망의 실재와는 다른 대상들, 즉 권력, 부, 명예, 다른 여자나 남자 등을 평생 동안 끝없이 추구하다가 죽을 운명에 빠진다. 이것이 욕망의 환유적 성격이다.

프로이트는 욕망을 성적 에너지로 간주했다. 이에 반해 인간이 언어와 문화라는 상징적 세계에 들어서면서 인간의 욕망이 형성된다고 라캉은 보았다. 그래서 그는 욕망을 생리적 욕구와 상호 인정의 사랑에의 요구와는 다르게 파악했다. 욕구는 특정한 대상들에 결부되어 있다. 사랑에의 요구는 욕구의 특수성을 없애 버리려고 한다. 욕망은 욕구와 요구 사이에 있기 때문에 결코 채워질 수 없는 결핍인 셈이다. "욕망은 단순히 부정의 부정이 아닌 반전에 의해서 욕구의 특수성을 없애 버리려는 요구가 미처 환원시키지 못한 잔여물로 자신의 모습을 드러낸다. …… 그러므로 욕망은 만족을 위한 욕구도, 사랑에의 요구도 아닌, 요구에서 욕구를 뺀 차이로부터 발생하는 것이며 동시에 양자 분열의 현상 그 자체이다."[49]

라캉의 욕망담론은 헤겔의 욕망담론과도 맞닿아 있다.[50] 그의 욕

---

49) 자크 라캉, 『욕망이론』, 권택영 엮음, 문예출판사, 1994, p.266 이하.

50) E. S. Casey & J. M. Woody, "Hegel and Lacan" in Hegel's dialectic of desire and recognition, J. O'Neil(ed.), SUNY press, 1996을 참조하라.

망담론은 주로 헤겔의 『정신현상학』과 관계한다. 라캉은 욕망이 결핍으로서 타자의 욕망을 욕망하는 것이라는 데에 동의하면서도 다음과 같이 헤겔의 욕망담론을 비판한다.

첫째로, 『정신현상학』의 종점에서는 절대정신의 상호인정에 의해서 욕망이 충족되지만 라캉은 그럴 수 없다고 보았다. 라캉에 의하면 욕망은 끝이 없다. 욕망을 라캉은 manque-à-être라고 불렀다. 욕망은 존재의 결핍이고 이 결핍은 어떤 것으로도 결코 채울 수 없는 결핍이다. 다시 말해 욕망은 결코 채워질 수 없다. "주체는 끊임없이 뻗어 있는 욕망의 철길 속에 거의 광적으로 사로잡혀 있다. 욕망은 늘 다른 어떤 것을 끊임없이 추구하는 환유적 운동을 보여 준다."[51]

둘째로, 라캉은 헤겔의 주인과 노예의 변증법에서 큰 역할을 하는 노예의 노동이 이성의 간계(List der Vernunft)가 벌이는 매혹적인 억압이라고 비판하였다. "헤겔이 말하기를, 노예가 두려움에 싸여서 열락을 포기할 때 감수하는 노동은 바로 노예가 자유를 획득하는 통로이다. 정치적으로나 심리적으로나, 이것보다 더 명백한 미끼는 있을 수 없다."[52] 주인과 노예의 변증법에서 노예의 노동은 주인의 욕망과 향락에 해당한다. 라캉은 욕망과 향락을 포기하지 말라고 권유하였다.

앞에서 보다시피 라캉은 욕망을 결핍으로서 이해하였다. 이런 점에서 라캉은 아리스토파네스의 남녀양성 설화[53]나 에로스의 탄생 설

---

51) 자크 라캉, 『욕망이론』, 권택영 엮음, 문예출판사, 1994, p.81.

52) J. Lacan, *Écrits*, trans. B. Fink, Norton, 2004, p.296. 조엘 도르는 『정신현상학』에서 전개된 헤겔의 욕망담론은 라캉의 정신분석학에 의해서 깊이 있게 해명된다고 주장한다. 이에 관해서는 조엘 도르, 『라캉 세미나』, 홍준기 외 옮김, 아난케, 2009, p.219를 참조하라.

53) 아리스토파네스의 남녀양성 설화는 플라톤의 『향연』에 나오는 설화다. 태초에 인간들은 남녀 양성을 다 갖춘 존재였다. 이들은 힘이 세고 거칠어서 신들에 대항했다. 신들은 이들을 제압하여 반쪽으로 갈라놓았다. 반쪽으로 나뉜 인간은 상실된 반쪽을 그리워하여 찾아 헤매게 되었다. 이것이 에로스의 기원이라고 아리스토파네스는 『향연』에서 주장하였다. 라캉은 이 설화가 인간 존재의 근원적 결핍과 분열을 잘 드러

화를 통해서 욕망을 기본적으로 결핍으로 이해하는 플라톤의 전통을 충실하게 재현하였다고 볼 수 있다.

다) 들뢰즈 - 욕망하는 기계와 욕망의 탈주

서양철학사에서 플라톤 이래로 욕망은 거의 항상 결핍으로 이해되었다. 플라톤은 『향연』에서 아리스토파네스의 남녀양성 설화나 에로스의 탄생 신화를 통해서 기본적으로 욕망을 결핍으로 이해하였다. 이러한 플라톤의 생각은 『향연』에 분명하게 드러나 있다. 『향연』에서 소크라테스는 사람은 이미 그가 가지지 않은 것을 욕망할 수 있을 뿐이라고 강조하였다. 욕망을 결핍으로 이해하는 이러한 전통은 데카르트와 헤겔을 거쳐서 사르트르와 라캉에 이르기까지 지속적으로 충실히 이어졌다.

20세기에 들어와서도 욕망과 결핍 사이의 개념적 연결은 서양철학의 중심무대에 등장했다. 사르트르와 라캉이 이러한 연결의 대표적인 사례이다. 사르트르와 라캉은 헤겔의 욕망담론으로부터 영향을 받았다. 그들 모두 결핍으로 이해된 욕망을 인간 존재를 규정하는 특징으로 삼았다.

들뢰즈는 결핍으로 파악된 욕망의 개념을 비판하고 욕망의 생산성과 창조성을 강조하였다. 들뢰즈에 훨씬 앞서서 스피노자는 로고스중심주의적 욕망담론을 완전히 탈피한 건 아니지만 플라톤의 로고스중심주의적 욕망담론에 일격을 가하였다. 스피노자는 욕망이 이성에 의하여 지배되거나 제어될 수 없다고 생각했다. 더 나아가서 그는 욕망

내 주었다고 보았다.

(conatus)을 인간의 본질이라고 보았다. 게다가 그는 욕망과 선의 관계도 역전시켰다. "우리는 그것을 선이라고 판단하기 때문에 그것을 향하여 노력하고 의지하며 충동을 느끼고 욕구하는 게 아니라, 반대로 노력하고 의지하며 충동을 느끼고 욕구하기 때문에 어떤 것을 선이라고 판단한다."[54]

이러한 스피노자의 태도는 플라톤에 대한 니체의 강력한 비판으로 이어진다. 플라톤은 디오니소스적 창조성과 생성을 부정하고 금욕주의와 이성에 기반을 두는 이데아의 세계라는 허구의 이상을 창조하였다고 니체는 비판하였다. 니체는 플라톤의 이러한 태도는 권력에의 의지를 약화시킨다고 보고 스스로를 고양하고 창조하려고 애쓰는 권력에의 강한 의지를 내세웠다. 들뢰즈는 스피노자와 니체의 이러한 욕망담론의 흐름을 이어받아 욕망을 긍정적으로 해석하고 욕망의 생산성과 창조성을 부각시켰다.

들뢰즈는 욕망, désir와 욕구, besoin을 공들여서 구분한다. 욕망은 생산과 연결되고 현실 속에서 현실적인 것을 생산한다. 하지만 욕구는 욕망과는 달리 생산과 연결되는 개념이 아니라 결핍과 획득과 관계되는 개념이다. 그리하여 욕구는 현실적인 것과 결부되는 게 아니라 환상의 영역과 결부되므로 사회적으로 조작될 수 있다. "결핍은 사회적 생산 속에서 그리고 사회적 생산을 통하여 창출되고 계획되고 조직된다. 그것은 反생산의 압력의 결과로 역생산된다. 反생산은 생산의 힘들에 포개져서 그것들을 자기 것으로 삼는다. 결핍은 절대로 제1차적이지 않다. 생산은 이미 존재하는 필요나 결핍의 위에서

---

54) 스피노자, 『에티카』, 강영계 옮김, 서광사, 1990, p.141.

절대로 조직되지 않는다. 결핍이야말로 생산의 이미 존재하는 조직화에 따라서 스스로 침투하고 빈 공간이나 공백을 창출하고 번식된다. 결핍을 시장경제의 기능으로 고의적으로 창출하는 것이 지배계급의 기술이다. 이것은 생산의 풍요 한가운데서 갈망과 결핍을 고의적으로 수반한다."[55]

욕망을 결핍으로 해석하는 욕망담론에 맞서서 들뢰즈는 『천 개의 고원』에서도 또한 강하게 반발하면서 이 담론을 사제와 관련시켰다. 사제는 욕망을 부정하고 거세하고 저주하면서도 쾌락과 환상을 욕망 속에 새겨 넣었다고 들뢰즈는 비판하였다. "욕망이 배반당하고 저주받아 그것의 내재성의 장에서 떼어져 나갈 때면 언제나 거기에는 사제가 존재한다. 사제는 욕망에 삼중의 저주를 건다. 부정적 법칙의 저주, 외재적 규칙의 저주, 초월적 이상의 저주를. 북쪽을 바라보면서 사제는 욕망을 결핍이라고 말했다. …… 그런 다음 남쪽으로 몸을 돌린 사제는 욕망을 쾌락과 관계시켰다. …… 그런 다음 다시 사제는 동쪽을 향해 소리친다. 향유는 불가능하지만, 이 불가능한 향유가 욕망 속에 새겨져 있다고."[56]

들뢰즈의 이러한 비판은 프로이트의 정신분석학을 다분히 겨냥한다. 정신분석학은 욕망의 생산과 흐름을 자본주의 공리계의 역할로 후퇴시켜 가족의 폐쇄된 이미지로 환원한다. 이 공리계는 모든 욕망의 흐름을 정돈하고 체계 속으로 가둔다. 따라서 정신분석학이란 실

---

55) G. Deleuze & F. Guattari, *Anti-oedipus*, R. Hurley(trans.), University of Minnesota Press, 2003, p.28. 욕망에 대한 라캉의 견해를 들뢰즈는 이중적으로 해석한다. 라캉의 욕망의 개념이 현실적 생산과 연결되는 objet petit a와 관계하면서도 결핍의 개념을 재도입하는 기표로서의 큰 타자와 관계하기도 한다고 지적하였다. 앞의 책, p.27의 주를 보라.

56) 들뢰즈/가타리, 『천 개의 고원』, 김재인 옮김, 새물결, 2001, p.296 이하

재하는 욕망과 단절된 나르시시즘이자 자폐증이자 자본 기계의 본질
을 이루는 도착이다.

들뢰즈에 의하면 욕망은 도저히 채울 수 없는 뻥 뚫린 구멍이나 목
마름이나 부러움 등의 결핍이 아니다. 그리고 욕망은 시장경제의 기
능에 의해서 사회적으로 조작되지도 않는다. 그것은 욕구일 따름이
다. 욕망은 부정과 금지나 한계를 모르고 자유롭게 떠다니는 리비도
와 같은 순수한 에너지다. 그리하여 욕망은 온몸을 휘감아 돌아 대지
와 도시를 흘러 다니며 끊임없이 한계를 돌파한다. 그렇기 때문에 들
뢰즈는 욕망이 사회를 폭파하는 위험한 것으로 인식하기도 했다.

욕구와의 관계에서 보아 욕망은 욕구로부터 파생하는 게 아니라
욕구가 욕망의 파생적 효과이다. 욕구는 욕망이 생산하는 현실적인
것 내부에서의 역생산물이지만 욕망은 욕구와는 달리 환상을 생산하
는 게 아니라 현실적인 것을 생산한다.

들뢰즈는 욕망의 주체를 부정한다. 탈근대의 철학자들인 데리다와
푸코처럼 그도 주체라는 개념을 선호하지 않는다. 자본주의 사회도
거대한 욕망 기계이고 인간도 욕망하는 기계이다. 그는 욕망도 욕망
의 대상도 심지어 기계라고 간주한다. "욕망은 기계이다. 그리고 욕
망의 대상은 욕망에 접속된 또 다른 기계이다."[57] 그리하여 욕망하는
기계들이 위계질서를 이루지 않고 리좀(땅 밑 줄기)처럼 접속하고 연
결된다.

들뢰즈는 조작할 수도 없는 순수한 에너지로서의 욕망을 자본주의
를 넘어서기 위한, 넘어설 수 있는 유목적 기계라고 간주하여 사회변

57) G. Deleuze & F. Guattari, *Anti-oedipus*, R. Hurley(trans.), University of Minnesota Press, 2003, p.26.

혁의 힘으로 삼았다. 자본주의는 욕망을 통제하고 조절하려고 하면서도(영토화) 시장경제의 작동을 위해서 전통적인 사회적 관계를 무너뜨려 욕망을 해방하고 조장할(탈영토화) 수밖에 없다. 그렇지만 이러한 욕망의 탈영토화는 자본주의 자체를 위태롭게 하기 때문에 욕망의 흐름을 자본주의 공리계의 한계 안에 묶어 두어야(재영토화) 한다. "마르크스는 이윤율 저하 경향과 잉여가치의 절대량 증대라는 이중의 운동을 상반 작용의 경향 법칙이라고 불렀다. 이 법칙의 당연한 결과로서, 한편으로는 탈코드화하거나 탈영토화하는 흐름들과 다른 편으로는 그것들의 격렬하고 인위적인 재영토화가 있다."[58]

오이디푸스적인 가족, 관료제도, 경찰기구 등이 욕망의 이러한 재영토화에 앞장서며 욕망을 자본주의 공리계의 한계 안으로 다시 밀어 넣는다. 이러한 자본주의적이고 오이디푸스적 욕망 조절의 한계를 넘어서기 위해서 들뢰즈는 이성적인 기획보다는 이 한계를 깨뜨리는 정신분열증적 욕망이 필요하다고 보았다. 이 정신분열적 욕망은 위험하긴 하지만 금기도 한계도 모르기에 자본주의 공리계를 넘어서는 탈주의 선을 제공할 수 있기 때문이다.

욕망을 사회변혁의 힘으로 삼으려는 들뢰즈의 견해는 언뜻 보아 로고스중심주의적 욕망담론을 넘어서는 듯이 보인다. 들뢰즈는 정신분석학의 위계적 체계와 구조를 성공적으로 해체하여 욕망을 해방하는 사유를 제시한 것처럼 보인다. 하지만 오늘날의 정보자본주의에서는 욕망이 사회변혁의 힘을 잃고 자칫하면 정보자본주의의 전략에 휩쓸릴 수 있을 것이다. 그가 내세우는 정신분열증적 욕망이란 자본

---

58) 앞의 책, p.34.

주의의 병리현상이지 자본주의를 바꾸는 힘일 수는 없기 때문이다. 그리고 자본주의 공리계를 무너뜨리면서 끝없이 뻗쳐 나가는 욕망의 탈주는 욕망을 무한히 충족시키려는 자본주의의 신화를 반영하고 있는 건 아닐까?

이런 의문도 떠오른다. 굳이 욕망을 욕구와 구분할 필요가 있을까? 결핍은 욕망의 주요한 특성이 아닌가? 들뢰즈는 욕망에 과도한 기대를 거는 게 아닐까? 그리고 순수한 욕망이란 과연 실재할 수 있는가? 욕망은 이미 기술에 의해 오염되지 않았는가?[59]

라) 지라르 - 모방적 욕망

우리는 일상생활에서 알게 모르게 늘 남을 부러워하고 질투하면서 살아간다. '사촌이 논을 사면 배가 아프다'라든가 '남의 떡이 더 커 보인다'와 같은 한국의 속담은 인간의 이러한 질투와 선망을 잘 드러내 주는 속담이다. 지라르는 우리에게 너무나 익숙해서 우리가 간과하고 무시하는 이러한 일상적 경험에서 욕망의 실마리를 찾아낸다. 이러한 질투와 선망은 욕망의 부산물이고 욕망은 모방적 경쟁으로부터 나온다고 지라르는 내다보았다.

『낭만적 거짓과 소설적 진실』에서 욕망의 삼각형을 처음으로 제시하여 허영심, 속물근성, 질투 등이 욕망으로부터 비롯되었음을 지라르는 밝혔다. 소설, 즉 세르반테스의 『동키호테』, 스탕달의 『적과 흑』, 플로베르의 『보바리 부인』, 프루스트의 『잃어버린 시간을 찾아서』, 도스토예프스키의 『악령』, 『지하 생활자의 수기』 등에서 이러한 작

---

59) 들뢰즈 철학에서의 욕망의 순수성과 기술에 의한 욕망의 충격과 오염에 관해서는 다음의 텍스트를 참고하라. M. Hansen, *Embodying technesis*, University of Michigan press, 2000, p.213ff.

업을 그는 치밀하게 추진하였다. 그리고 그는 이러한 작업을 점차로 종교, 정치와 경제 등으로 확산시켜 나갔다.

라캉과 들뢰즈처럼 지라르도 우선 욕망(désir)과 욕구(appétit)를 구별하였다. 식욕이나 성욕은 그 자체로는 본능(besoin)에 불과한 생물적 욕구이지 아직 욕망은 아니다. 이러한 욕구는 초원의 풀을 뜯어 먹는 목장의 소처럼 동물적이고 자연적 대상에 한정될 뿐이다. 욕망은 모델에 대한 모방에 의해서 비로소 생긴다. 욕구는 인간과 동물에 공통적인 것이지만 욕망은 인간적인 것이다. 다시 말해 욕망을 통하여 인간은 동물과 구별되는 셈이다.

우리의 욕망이 우리의 본성에서 나오기 때문에 자연 발생적이며 자율적이라고 우리는 흔히 생각한다. 다시 말해 욕망의 자율성을 우리는 자랑한다. "낭만적인 허영심이 많은 사람은 자신의 욕망이 사물의 본성 속에 이미 있다고 언제나 확신하고 싶어 하거나 …… 자신의 욕망이 평온한 주체성에서 우러나온 것, 즉 신에 가까운 *자아의 무로부터의* 창조라고 확신하고 싶어 한다."[60] 지라르에 따르면 이러한 생각은 낭만적인 환상에 불과하다. 따라서 욕망은 자율적이지 않다.

욕망이 주체와 대상의 관계에 놓여 있다고 우리는 생각한다. 그러나 인간의 욕망이란 주체의 본성이나 대상의 본성에 놓여 있는 것도 아니고 주체와 대상의 관계에 놓여 있지도 않다. 욕망은 타자에 의해 생겨난다. 모델이라는 중개자를 주체가 모방함으로써 욕망이 생겨난다. 우리는 우리가 선망하고 존경하는 모델, 즉 우리에게 결핍되어 있는 것을 지닌 뛰어난 존재를 본받으려고 한다. 바꾸어 말하자면 우리

---

60) 르네 지라르, 『낭만적 거짓과 소설적 진실』, 김치수·송의경 옮김, 한길사, 2001, p.57.

는 모델의 욕망을 모방하고 모델이 소유하는 것을 갖기를 욕망한다. 이리하여 욕망은 욕망하는 주체와 대상의 관계가 아니라 주체-모델-대상의 꼭짓점을 갖는 삼각형을 이룬다. 따라서 욕망은 타자에 매개되어 있고 모방적이다. "우연히 혹은 가끔씩 모방적인 것이 아니고 그야말로 항상 모방적이다. 우리의 욕망은 타인의 욕망에서 나온다. 그런 점에서 욕망은 아주 사회적인 것이다."[61]

인간들은 욕망으로 인하여 서로 갈등하고 불화하게 된다. 그런데 이러한 갈등과 불화는 욕망이 모방적이라는 증거라고 보아야 한다. 우리는 우리의 모델이 욕망하는 것을 욕망하고 급기야는 모델이 욕망하는 것을 모델에게서 빼앗으려고 한다. 모델도 가만히 있지 않는다. 모델은 그들이 공통적으로 욕망하는 대상을 빼앗기지 않으려고 저항한다. 그럴수록 그들의 욕망은 상승작용을 일으켜 점점 더 강해진다. 여기에서 우리가 모델을 모방하고 모델은 우리를 모방하는 이중모방이 성립하면서 모방적 경쟁도 더욱 격화된다. 이 모방적 경쟁에서 우리와 모델은 무차별화되면서 갈등과 폭력으로 치닫는다. 이러한 갈등과 폭력은 전염성이 강해서 복수의 악순환이나 폭력의 연속으로 귀결된다. 심지어는 모방적 욕망에서 나오는 격렬한 경쟁관계는 공동체를 와해시키기도 한다. 따라서 우리는 모방적 욕망을 좋은 쪽으로 제어할 필요가 있다. "개인들은 날 때부터 이웃이 소유하고 있는 것을 욕망하는 성향이 있거나 단순히 욕망하기에, 인간 집단 가운데에는 아주 강한 경쟁적 갈등의 성향이 있다. 이 성향을 제어하지 못하면 모든 공동체의 조화 그리고 심지어는 공동체의 생존 자체를

---

61) 르네 지라르, 『그를 통해 스캔들이 왔다』, 김진식 옮김, 문학과지성사, 2007, p.18.

항상 위협할 것이다. …… 이는 우리 모두 알고 있는 아주 진부한 현상이다."62)

이러한 모방적 욕망은 우리의 일상생활에서 흔히 발견될 수 있음을 지라르는 강조하였다. 우리의 배우자 선택, 직업 선택, 인생의 의미 부여 등과 같은 중요한 일뿐만 아니라 우리의 사소한 몸짓, 소비 행태, 식습관 등도 모방적 욕망에서 나왔다고 그는 보았다. 이러한 모방적 욕망은 물리적 차원의 욕망이 아니라 형이상학적인 욕망이다. "*타인*을 따르는 욕망이란 예외 없이 *타인*이 되고자 하는 욕망이다. 형이상학적 욕망은 단 하나이지만 이 원초적 욕망을 구체화하는 개별적 욕망들은 다양하다."63) 그리고 이 형이상학적 욕망은 모델과 주체의 거리에 따라 위력과 강도가 증감한다. 모델과 주체의 거리가 가까워질수록 대상의 구체적인 가치가 감소하고 욕망의 형이상학적 위력은 증대하고 강도가 강해진다.

그렇다면 지라르의 모방적 욕망은 형이상학적일까 아니면 사회적일까? 그것은 형이상학적이기도 하고 사회적이기도 하다. 한편으로는 욕망이 시대와 상황을 넘어서 인간 존재의 조건이자 문화의 기원을 이루기 때문에 형이상학적이다. 지라르는 성서와 신화를 해석함으로써 이를 입증하려고 하였다. 다른 편으로는 욕망이 모델이라는 타인에 의해 생겨나기 때문에, 다시 말해 타인과의 사회적 관계에서 욕망이 나오기 때문에 욕망은 사회적이기도 하다.

지라르의 욕망담론은 여태까지 간과되고 무시되었던 욕망의 일단을 명료하게 드러내었다는 점에서 독창적이고 매력적이다. 특히 그는

---

62) 르네 지라르, 『나는 사탄이 번개처럼 떨어지는 것을 본다』, 김진식 옮김, 문학과지성사, 2004, p.21.
63) 르네 지라르, 『낭만적 거짓과 소설적 진실』, 김치수·송의경 옮김, 한길사, 2001, p.139.

문학작품의 연구를 통해서 속물근성이나 허영심이 욕망에서 비롯되었음을 정확하게 분석하였고 희생제의의 연구를 통해서 폭력과 죽음도 욕망에서 비롯되었음을 잘 지적하였다. 게다가 그의 욕망담론은 오늘날의 갈등과 폭력을 이해하는 데 유용한 분석도구가 될 수도 있을 것이다. 하지만 모든 욕망이 모방적 욕망으로 환원될 수 있겠는가? 욕망의 어두운 심연은 우리에게 완전히 드러날 수는 없을 것이다. 앞에서 살펴본 욕망담론처럼 그의 욕망담론도 욕망의 한 단면을 보여 주는 데 불과할 것이다. "특히 '욕망'의 영역에서 지라르의 주장은 다소 과도한 환원주의적 방식을 채택하고 있다. 인간의 욕망이라는 영역은 여전히 완전히 탐색되지 않은, 아니 어쩌면 탐색될 수 없는 미지의 영역으로 남아 있다. …… 그렇다면 지라르의 주장은 어떠한가? 물론 욕망의 본질에 상당히 근접한 하나의 가설로 받아들여질 수 있다. …… '모방적' 욕망은 인간의 욕망이 가진 수많은 특성 중 하나에 불과한 것 아닐까?"[64] 그런데 우리는 이렇게도 생각할 수 있지 않겠는가. 그의 욕망담론은 모방과 경쟁으로 점철되어 있는 자본주의 사회의 산물이 아닐까?

(6) 서양의 욕망담론에 대한 몇 마디 말

매슬로우에 따르면 인간의 욕망은 ① 생리적 욕망, ② 안전에 대한 욕망, ③ 애정과 소속에 대한 욕망, ④ 자기 존중의 욕망, ⑤ 자아실현의 욕망의 순서로 상승한다. 욕망의 이러한 위계질서에서는 하위의

---

64) 김모세, 『르네 지라르』, 살림, 2008, p.323.

욕망이 충족되어야 상위의 욕망으로 상승할 수 있다. 따라서 욕망의 이러한 위계질서는 욕망과 충족의 이원론에 기반을 두고 있는 셈이다. 이 위계질서에서는 하위의 욕망은 주로 몸에 관한 욕망이지만 상위의 욕망은 주로 인격과 영혼에 관한 욕망이다. 그러므로 욕망의 이러한 위계질서는 몸에 대한 영혼의 우위와 몸의 천시를 전제한다. 욕망의 이러한 위계질서는 갑자기 20세기에 등장한 것은 아니다. 그것은 멀리는 플라톤의 욕망의 사다리에 근거하고 있다. 플라톤도 인간의 욕망을 육체의 에로스로부터 지혜에 대한 사랑으로 상승한다고 보았기 때문이다. "위쪽에는 명료하고 순수한 이성이, 아래쪽에는 저급한 본능이 자리 잡고 있다고 주장하는 이 모델은 플라톤의 사고에 그 기원을 두고 있다. 비록 플라톤의 계층이론이 신체 전반에 적용되는 것이기는 하지만, 그 기본원리는 동일하다. 플라톤은 인간의 머릿속에는 이성과 논리를 담당하는 영역이, 가슴속에는 감정영역이, 저 아래 뱃속에는 본능과 배고픔, 순수한 쾌락의 중심부가 있다고 생각했다. 매슬로우가 제시한 피라미드 역시 계층모델을 기초로 하고 있다."[65]

욕망의 이러한 위계질서는 그럴듯한 이론으로서 오늘날 대중에게 널리 받아들여져 왔다. 하지만 이 위계질서는 오늘날의 뇌과학에서도 수용될 수 없을 뿐만 아니라 우리의 경험과도 상충된다. 인간은 애정과 소속에 대한 욕망을 추구하는 데에 그칠 수도 있다. 예를 들어 카사노바와 같은 사람은 한평생 사랑을 좇던 인물이었다. 그리고 인간은 생리적 욕망이나 안전에 대한 욕망을 충족하지 못해도 자아실현의 욕망을 추구할 수도 있다. 예를 들어 조선의 선비는 지조와 명분

---

65) 한스 – 게오르크 호이젤, 『뇌, 욕망의 비밀을 푼다』, 배진아 옮김, 흐름, 2008, p.91.

을 좇아 살아갔다. 게다가 우리가 마음을 비워서 욕망을 버린다면 이러한 위계질서는 흐트러질 수밖에 없다. 그렇기 때문에 욕망의 위계질서를 우리는 현실적으로도 받아들이기 힘들다.

욕망의 위계질서와 함께 금욕주의는 플라톤으로부터 에픽테투스와 데카르트를 거쳐 헤겔에 이르는 로고스중심주의적 욕망담론의 주요한 특징이다. 금욕주의란 이성과 의지나 정신에 의해서 욕망을 제어하고 지배해야 한다고 보는 사상이다. 하지만 이성과 의지에 의해서 욕망이 수월하게 제압될 수 없다. 『팡세』에서 금욕주의의 제안은 공허하고 어렵다고 파스칼은 에픽테투스를 겨냥해 비판하였다. 설령 이성과 의지에 의해서 욕망이 수월하게 제압될 수 있다 하더라도 이것은 결코 바람직하지 않다. 또한 욕망이 삶의 동력이므로 욕망을 원천적으로 부정하는 것은 삶의 동력을 원천적으로 부정하는 것과 다를 바 없고 더 나아가서 삶 자체를 원천적으로 부정하는 것이나 마찬가지이기 때문이다.

그리고 금욕주의와 금욕도 구별하는 것이 좋을 것 같다. 권위주의와 권위가 구별되어야 하듯이 금욕주의와 금욕도 구별되어야 한다. 금욕주의를 주장하는 자는 욕망을 부정적으로 생각하여 욕망을 깡그리 말살하려 하지만 금욕을 주장하는 자는 욕망을 부정적으로만 생각하지 않고 때와 상황에 따라서 욕망을 억제하는 것이 바람직하다고 여긴다. 금욕주의는 인간에게 현실적으로 무리한 요구이지만 금욕은 그렇지 않다. 금욕과 절제는 우리의 일상생활에 때때로 필요하다.

금욕주의가 무조건 바람직하지 않는 건 아니다. 금욕주의도 역사적으로 일정한 역할을 하였다. 자본주의 사회가 등장하기 전의 사회에서는 욕망이 사회발전의 큰 힘이 아니었다. 이러한 사회에서는 욕망을 위험시하고 죄악시하여 이성의 우리에 가두어 두는 것이 공동체의 질서를 유지하고 공동체의 결속을 강화하는 데 도움이 되었을 것이다.

하지만 자본주의 사회에서는 욕망이 사회발전의 동력이다. 따라서 금욕주의는 자본주의와 어울리지 않는다. 자본주의가 많은 모순과 병폐가 있지만 이성으로부터 욕망을 해방시킨 것은 자본주의의 공적이다. 이제 욕망의 해방은 돌이킬 수 없다. 그렇다면 이성과 의지에 의해 욕망을 길들이려는 금욕주의는 욕망에 대한 적절한 접근이 아니다. 그리하여 20세기에 들어서면서 금욕주의를 탈피하여 욕망의 정체를 밝히려는 여러 욕망담론이 등장했다.

욕망은 다양한 얼굴을 지니고 있다. 서양철학의 전통과 역사에서는 욕망은 결핍으로 파악되거나 욕망의 생산성과 창조성을 강조하는 쪽으로 주로 이해되어 왔다. 우선 욕망을 결핍으로 파악하는 플라톤은 이성과 욕망과 대립구조를 세우고 이성에 의해서 욕망을 억압하고 말살하려고 하였다. 이러한 플라톤의 전통은 서양철학의 주류를 형성해 왔다. 비록 헤겔이 욕망을 생산과 노동의 맥락에서 파악하려고 하였지만 그 역시 욕망을 절대정신의 우리 안에 가두어 버렸다. 욕망을 결핍으로 파악하는 욕망담론의 흐름은 20세기에도 계속해서 이어졌다. 그 대표적 사상가들이 사르트르와 라캉이다. 이들은 이성에 의한 욕망의 억압과 말살을 주장하지 않았다. 특히 라캉은 욕망을 욕구로부터 구별하고 욕망을 채울 수 없는 텅 빈 공허로 파악함으로써 욕망의 한 단면을 잘 드러내었다.

욕망의 생산성과 창조성을 강조한 최초의 철학자는 스피노자이다. 그는 욕망을 인간의 본질로 간주했을 뿐만 아니라 욕망이 이성에 의해 억압되거나 말살될 수 없다고 보았다. 니체도 권력에의 의지를 통해서 욕망의 생산성과 창조성을 강조하였다. 들뢰즈는 욕망을 결핍으로 보는 관점에 맞서서 욕망이 생산적이고 창조적이라는 결론을 스피노자와 니체로부터 끌어낸다.

그는 라캉처럼 욕망을 욕구와 구별하였지만 라캉의 욕망 이해를 거부하였다. 욕망은 결핍이나 금지와는 아무런 상관이 없는 에너지다. 그 반면에 욕구나 결핍은 시장경제의 기능으로서 지배계급의 이익과 관심에 의해 조직되는 사회적 구성물이다. 욕구는 욕망의 파생적 효과인 셈이다. 그리고 그는 욕구의 충족이 아니라 욕망의 탈주를 통해서 자본주의 사회를 넘어서려고 하였다. 이런 점에서 그의 욕망 담론은 라캉에 맞서는 욕망 이해를 보여 준다.

그렇지만 들뢰즈는 욕망의 생산성과 창조성에 집착한 나머지 욕망이 블랙홀처럼 텅 빈 공허임을 인식하지 못했다. 플라톤으로부터 라캉에 이르는 욕망의 이해, 즉 욕망을 결핍으로 파악하는 견해는 욕망의 한 단면을 잘 드러내 주고 있다. 결핍은 사회적인 것이기도 하지만 인간의 고유한 존재 조건에서 나오는 형이상학적인 것이기도 하기 때문이다. 그리고 욕망은 결코 순수하지도 않고 욕구를 파생하는 것도 아니다. 욕망의 생산성과 창조성도 욕망의 한 단면에 불과하다. 오히려 검고 텅 빈 구멍이라는 욕망의 얼굴이 더 욕망을 더 잘 드러내 준다. 이러한 욕망의 얼굴이 바로 욕망의 형이상학적이면서도 사회적인 얼굴이기 때문이다.

아마도 욕망의 정체를 완전히 밝히는 일은 블랙홀을 들여다보는 것만큼이나 불가능할지 모른다. 서양의 욕망담론도 물론 욕망의 정체를 완전히 밝히지는 못했다. 하지만 바타이유, 라캉, 들뢰즈, 지라르의 욕망담론은 욕망의 주요한 특징을 잘 드러내었다고 볼 수 있다.

20세기의 욕망담론에 대해 한마디 더하자. 라캉, 들뢰즈, 지라르 등이 욕망과 욕구를 공들여 구별하였다. 그들은 욕망과 욕구를 구별함으로써 욕망을 높이고 욕구를 낮추려는 의도를 드러내었다. 욕구는 동물적이고 생리적인 수준에 있거나 사회적으로 조작된다. 그러나 인간의 욕망이란 생리적 욕구에 기반을 둔다. 그리고 사회적으로 조작되는 욕구란 욕망이 사회에서 드러나는 일정한 꼴이다. 이렇게 본다면 구태여 욕망을 높이고 욕구를 낮출 필요가 있겠는가?

2) 동양의 욕망담론

욕망(慾望)이라는 낱말은 애당초 동양에는 사용되지 않는 낱말이다. 이 낱말은 영어 desire를 번역한 낱말인 듯하다. 유교나 도교에서는 物慾, 肉慾, 人慾, 慾心 등의 말이 쓰였다. 그리고 불교에서는 갈애(tanhā), 애욕(kāma), 탐욕(rāga) 등의 말이 욕망에 해당하는 낱말일 것이다.

서양철학의 역사에서 욕망(desire)의 의미는 다양하게 사용되어 왔다. 또한 욕망이 욕구(need)와 혼용되기도 하였다. 그래서 서양철학의 역사에서도 욕망은 복잡한 의미를 함축한다. 동양철학의 역사에서도 마찬가지다. 동양철학의 역사에서 욕망이라는 단어는 없었지만 욕망은 다양한 용어로 탐구되었다.

욕망이란 다양한 얼굴을 가지므로 당연히 동서철학에서 욕망을 지칭하는 다양한 용어가 생겨나거나 욕망의 다양한 의미가 생겨날 수밖에 없을 것이다. 여기서는 욕망이라는 낱말로 욕망의 다양한 의미들을 한 데 뭉뚱그려서 동양철학의 욕망담론을 살펴보자.

동양철학에서는 서양철학에서와는 달리 욕망과 욕구의 구분이 뚜렷이 드러나지 않는다. 하지만 동양철학에서도 서양철학에서와 마찬가지로 욕망은 주로 필요한 것이 부족하거나 결핍되어 있는 상태를 의미했다. 그뿐만 아니라 동양철학의 주류는 서양철학의 주류와 마찬가지로 욕망을 위험하고 맹목적인 것으로 간주하여 이성과 의지 또는 마음에 의하여 욕망을 제어하고 지배하려고 하였다. 따라서 동서철학의 주류도 기본적으로 금욕주의이다.

금욕주의를 잘 드러내는 동양의 욕망담론은 유교의 욕망담론과 불교의 욕망담론이다. 도교의 욕망담론은 유교와 불교의 욕망담론과 달리 인간의 마음을 쥐어짜거나 용맹정진의 수행을 내세우지 않는다. 따라서 도교의 욕망담론은 단순히 금욕주의로 딱 부러지게 규정될 수는 없다. 노장은 무욕을 주장했지만 도교는 불로장생과 성적 쾌락을 중시하였다.

(1) 유교의 욕망담론

유교의 욕망담론은 공자의 교설로부터 출발한다. 공자의 사상 중심에는 仁이 자리 잡고 있다. 인은 '남을 사랑하는 것'(『논어』, 「안연」)[66]이고 '자기가 바라지 않는 일을 남에게 행하지 않는 것'(「위령공」)이다. 또한 사람이 '공손함, 너그러움, 신용, 민첩함, 은혜로움'(「양화」)의 다섯 가지 덕을 실천할 수 있다면 인할 수 있다고 공자는 말하였다.

---

66) 공자, 『논어』, 김학주 역주, 서울대학교출판문화원, 2009에서 인용한다. 이하에서는 편명만 표시하였다.

예와 관련하여 공자는 克己復禮가 인이라고도 하였다. "자기를 이겨 내고 예로 돌아가는 것이 어짊이다. 어느 날이고 자기를 이겨 내고 예로 돌아가면, 천하가 어짊에 귀착하게 될 것이다."(「안연」) 바꾸어 말하면 극기복례란 자신의 욕망을 제어하고 지배하여 사회적인 법도에 순응할 수 있는 경지를 뜻한다. 극기복례를 위해서 "예에 어긋나는 것을 보지 말며, 예에 어긋나는 것을 듣지 말며, 예에 어긋나는 것을 말하지 말며, 예에 어긋나는 경우에는 움직이지"(「안연」) 말라고 공자는 권고하였다. 따라서 욕망을 예의 우리에 가두어 두어야 함을 공자는 강조했다고 할 수 있다. 이로부터 미루어 볼 때 사람은 욕망이 날뛰지 않도록 욕망을 예의 우리에 가두어 두어야 비로소 남을 너그럽게 배려하고 사랑할 수 있는 셈이다.

또한 『예기』의 「악기」에서도 공자는 욕망을 제압해야만 도를 즐길 수 있다고 강조하였다. "군자는 그 도를 얻어 즐기고 소인은 그 욕망을 채워 즐긴다. 군자는 도로 욕망을 제압하므로 음악을 즐겨 문란해지지 않는다. 소인은 욕망에 이끌려 도를 잊으므로 음악을 즐기지 못하여 이에 빠져 버리는 것이다."[67]

공자도 욕망으로부터 자유로운 경지에 오르기까지 오랜 세월이 걸렸다. 공자의 인생 고백을 들어 보자. "나는 열다섯에 배움에 뜻을 두었고, 서른 살에는 올바로 처신하게 되었으며, 마흔 살에는 미혹되지 않게 되었고, 쉰 살에는 천명을 알게 되었고 예순 살에는 귀로 듣는 대로 모든 것을 순조로이 이해하게 되었고, 일흔 살에는 마음 내키는 대로 좇아도 법도를 넘어서지 않게 되었다."(「위정」) 그는 한평생 극기복례의

---

67) 李相玉 譯, 『禮記』, 明文堂, 2003, p.998. 번역을 조금 고쳤다.

여정, 다시 말해 욕망을 지배하고 정복하려는 지난한 여정을 거쳐서야 겨우 인에 도달하였다. 욕망을 정복하려는 그의 사상은 맹자와 순자에게도 그대로 이어지지만 맹자와 순자는 욕망의 불가피성을 직시하였다.

욕망이 죄악과 불행의 원천일 순 있지만 우리가 살아 있는 한 욕망을 벗어날 수 없다. 따라서 욕망은 우리의 삶에 기원을 두는 셈이다. 맹자도 순자도 이를 인정하였다.

맹자는 "아름다운 여색은 사람들이 욕망하는 바이고 …… 富는 사람들이 욕망하는 바이고 …… 貴는 사람들이 욕망하는 바이다"(『맹자』, 「만장상」)[68]라고 하거나 "귀함을 욕망하는 것은 사람의 똑같은 마음이다"(「고자 상」)라고 하였다. 또한 그는 양 혜왕에게 "왕께서 만일 재물을 좋아하시거든 백성과 함께 하신다면 왕 노릇 하심에 무슨 어려움이 있겠습니까?"(「양 혜왕 하」) 또는 "왕께서 만일 색을 좋아하시거든 백성과 함께하신다면 왕 노릇 하심에 무슨 어려움이 있겠습니까?"(「양 혜왕 하」)라고 권하였다. 이로부터 미루어 보아서 맹자도 사람이 살아가는 한 부귀와 색을 좇는 욕망이 불가피함을 인정하였다고 할 수 있겠다.

순자는 맹자보다 더 적극적으로 욕망의 불가피성을 강조하였다. "지금 사람들의 성향은 태어나면서 이로움을 좋아하고 태어나면서 눈과 귀의 욕망이 있다."(『순자』 「성악」)[69] "性이란 하늘에 의해 이루어진 것이다. 情이란 성의 실질이다. 욕망이란 정의 반응이다. …… 문

---

68) 맹자의 말은 맹자, 『孟子集註』, 成百曉 譯註, 傳統文化硏究會, 2002에서 인용되므로 이후로 일일이 쪽수를 밝히지 않고 본문에 편명만 기재하겠다.

69) 순자의 말도 순자, 『순자』, 김학주 옮김, 을유문화사, 2001에서 인용되므로 이 이후로 일일이 쪽수를 밝히지 않고 본문에 편명만 기재하겠다.

지기일지라도 욕망은 버릴 수 없으니 본성에 갖추어진 것이다."(「정명」) "유욕과 무욕은 그 종류가 다르니 살아 있느냐 죽어 있느냐의 차이지 치란의 관계가 아니다."(「정명」)

맹자와 순자는 욕망의 불가피성을 인정했지만 그들은 욕망을 위험시하였다. 그들은 마음을 다스려서 욕망을 순치하려고 했거나 욕망을 예의 우리에 가두려고 하였다.

가) 맹자의 寡慾

사람의 본성이 악하지도 않고 선하지도 않다는 고자의 학설을 맹자는 배격하였다. 맹자는 사람의 본성이 선하다고 보았다. 맹자가 사람의 본성이 선하다고 본 근거는 四端이다. 사단은 측은하게 여기는 마음(惻隱之心), 부끄러워하고 악을 미워하는 마음(羞惡之心), 사양하는 마음(辭讓之心), 시비를 가리는 마음(是非之心)이다. 사단은 각각 四德인 仁, 義, 禮, 智의 단초이다. 사람이라면 누구라도 이 사단을 갖추고 있기 때문에 사람은 선하다. 이 사단을 확충하면 인, 의, 예, 지의 사덕을 발휘할 수 있다.

"측은하게 여기는 마음은 예의 단초요 부끄러워하고 악을 미워하는 마음은 의의 단초요 사양하는 마음은 예의 단초요 시비를 가리는 마음은 지의 단초다. 사람이 이 사단을 가진 것은 마치 사지를 가진 것과 같다. …… 무릇 이 사단이 나에게 있다는 것을 알고 확충해 나가면 마치 불이 처음 타오르며 샘물이 처음 솟는 것과 같은 것이다." (『맹자』「공손추 상」)

맹자는 사람이 측은하게 여기는 마음, 부끄러워하고 미워하는 마음, 사양하는 마음, 시비를 가리는 마음이 있어야 비로소 사람다워질 수 있다고 보았다. 그러면 왜 사람들은 그렇지 못한가? 욕망이 사람의 이러한 본성을 가리고 사람을 악으로 이끌기 때문이다. 그래서 욕망의 조절, 즉 마음의 수양(養心)이 필요하게 된다. 하지만 그는 욕망의 불가피성을 인정하기 때문에 욕망을 완전히 없앨 수 있다고 보지는 않았다. 그리하여 그는 욕망을 제어하는 방법으로 과욕을 제시하였다.

"마음을 수양함은 욕심을 적게 하는 것보다 더 좋은 것이 없다(養心 莫善於寡慾). 그러니 그 사람됨이 욕심이 적으면 비록 보존되지 못함이 있더라도 보존되지 못한 것이 적을 것이요, 사람됨이 욕심이 많으면 비록 보존됨이 있더라도 보존된 것이 적을 것이다."(「진심 하」)

사람이 욕심을 줄일 수 있는 것은 마음의 사려분별 때문이다. 사람이 욕망에 사로잡히면 결코 욕심을 줄일 수 없다. 욕망은 맹목적이어서 채워도 채워도 끝이 없기 때문이다. "순 임금이 요 임금의 두 딸을 아내로 삼았으나 족히 근심을 풀지 못하였으며 …… 부는 천하를 소유하였으나 족히 근심을 풀지 못하였으며 …… 귀는 천자가 되었으나 족히 근심을 풀지 못하였다."(「만장 상」)

사람의 욕망이 끝이 없고 맹목적이라면 어떻게 욕망을 줄일 수 있겠는가? 사람은 사색을 통해서 욕망을 줄일 수 있다. "귀와 눈의 구실이란 생각하는 일이 없으므로 물욕으로 인해 가려지는 것이니 물욕의 꾐에 끌려가 버리고 만다. 마음의 구실이란 생각하는 힘이 있으므로 생각하면 깨닫고 생각지 않으면 깨닫지 못한다."(「고자 상」)

사람의 이러한 사색에 의해서도 사람은 욕망을 완전히 없앨 수는 없다. 허나 사람은 사색에 의해 욕망을 줄일 수 있을 뿐만 아니라 욕망의 방향을 정할 수 있다. 욕망의 방향이란 仁義다. 맹자는 인보다는 의를 더 강조한다. "삶도 내가 욕망하는 바요 의도 내가 욕망하는 바다. 하지만 이 두 가지를 겸하여 얻을 수 없다면 삶을 버리고 의를 취하겠다."(「고자 상」)

결국 맹자의 과욕이란 마음의 수양에 의해서 마음을 다스림으로써 가능한 경지다. 과욕(寡慾)은 인격수양의 긍정적 의미를 지닌다. 하지만 그것은 마음을 쥐어짜서 욕망을 길들이는 작업이기도 하다. 그런 점에서 맹자의 과욕이란 사색과 의지에 의해서 욕망을 길들이는 금욕주의로 연결된다.

나) 순자의 욕망담론

순자는 맹자와 반대로 사람의 본성이 악하다고 보았다. 그렇기 때문에 그는 맹자보다 더 적극적으로 욕망의 불가피성을 인정하였다. 이러한 입장에서 그는 맹자의 과욕은 물론 노자의 무욕에 대해서도 비판하였다. "나라를 다스리는 일을 얘기하면서 욕망을 없애야 한다고 주장하는 자들은 욕망을 잘 인도해 줄 생각은 하지 않고 사람들에게 욕망이 있다는 사실로 곤혹스러워하는 자들이다. 나라를 다스리는 일을 얘기하면서 욕망을 적게 가져야 한다고 주장하는 자들은 욕망을 조절해 줄 생각은 하지 않고 사람들에게 욕망이 있다는 사실로 곤혹스러워하는 자들이다. 욕망이 있는 것과 욕망이 없는 것은 전혀 다른 종류이다. 그것은 나면서 본성으로 갖추어져 있는 것이지, 세상을 다스리고 어지럽히는 것은 아니다. 욕망이 많고 적은 것은 전혀 다른 종류다. 그것은 감정으로 정해져 있는 것이지, 세상을 다스리고 어지럽히는 것이 아니다."(『순자』「정명」)

老莊의 무욕은 나라를 다스리는 일에서 욕망에 마주치면 아무런 해결책을 주지 못한다. 맹자의 과욕은 나라를 다스리는 일에서 욕망을 인정하긴 하지만 욕망을 조절해서 욕망을 채워 주지 못한다. 욕망이란 인간의 본성에서 나오고 감정으로 정해진 것이므로 욕망의 유무나 다과는 사람이 곤혹스러워할 일이 아니다. 다만 세상을 다스리기 위해서는 욕망을 조절해 주고 관리하는 일이 필요한 법이다. 순자는 이렇게 현실적으로 욕망을 다루었다. "비록 문지기라 할지라도 욕망을 다 버릴 수가 없다. 비록 천자라 할지라도 욕망을 다 충족시킬 수 없다. 그러나 비록 욕망은 다 충족시킬 수 없지만 그 가까이 추구할 수 있다. 비록 욕망은 다 버릴 수 없지만 그 추구는 조절할 수 있다."(「정명」)

순자는 인간의 본성은 악하다고 보기 때문에 맹자에 비해서 욕망을 그가 더 적극적으로 긍정할 수 있었을 터이다. 사람의 본성에 내재된 욕망이 사람을 악의 길로 끌고 가기 때문에 인간의 본성이 악하다고 보는 순자의 입장이 욕망을 적극적으로 긍정하고 현실적으로 다룰 수 있을 것이다.

"사람의 본성은 악한 것이니 그것이 선하다고 하는 것은 거짓이다. 지금 사람들의 본성은 나면서부터 이익을 좋아한다. 이것을 사람들이 따르기 때문에 쟁탈이 생기고 사양함이 없어진다. 사람들은 나면서부터 질투하고 미워한다. 사람들이 이것을 따르기 때문에 남을 해치고 상하게 하는 일이 생기며 충성과 믿음이 없어진다. 사람들은 나면서부터 귀와 눈의 욕망이 있어 아름다운 소리와 빛깔을 좋아한다. 사람들이 이것을 따르기 때문에 지나친 혼란이 생기고 아름다운 형식이 생긴다."(「성악」)

이처럼 욕망이란 사람들의 악한 본성으로부터 유래하여 분쟁과 혼란의 씨앗이 된다. 게다가 사람들의 욕망은 만족할 줄 모른다. 사람들의 욕망을 다 충족시키는 것도 불가능하고 사람들의 욕망을 감당할 물자도 언제나 충분히 있는 것도 아니다. 그러므로 사람들의 욕망을 조절해 주고 관리하는 일이 사회적으로 필요하다.

그것이 무엇인가? 바로 예이다. 예는 욕망을 충족시킬 뿐만 아니라 순치하고 기른다. 그리하여 예는 세상의 분쟁과 혼란을 막고 세상의 안정을 가져올 수 있다.

"예는 어디서 생겨났는가? 사람은 나면서 욕망이 있다. 사람들은 욕망하면서도 충족하지 못하면 추구하지 않을 수 없다. 추구함에 일정한 기준과 한계가 없다면 사람들은 다투지 않을 수 없다. 사람들이 다투면 세상이 어지러워지고 세상이 어지러워지면 사람들이 궁해진다. 선왕은 그 어지러움을 싫어했기 때문에 예의를 제정해 이것들의 분계를 정하여 사람들의 욕망을 기르고 사람들이 추구하는 것을 공급하였다. 그리하여 선왕은 욕망이 물건에 궁해지지 않도록 하고 물건을 반드시 욕망에 부족함이 없도록 해 양자가 서로 의지하며 나아가도록 하였다. 이것이 예가 생겨난 이유다. 그러므로 예란 욕망을 길들이는 것이다(故 禮者 養也)."(「예론」)70)

맹자의 과욕은 욕망을 마음의 수양을 통해서 줄이는 것이다. 이것은 사람의 내면을 다스려서 욕망을 길들이는 것이다. 하지만 맹자는 사람의 본성이 선하다고 보았기 때문에 사단의 확충에 의해서 얼마든지 사람다운 품성이 계발될 수 있다고 여겼다. 그래서 맹자의 욕망 담론에서는 이성과 욕망의 싸움이 치열하게 드러나지 않는다.

순자는 사람의 본성이 악하다고 보았다. 사람의 본성이 악한 까닭은 주로 사람의 본성이 욕망에 물들어 있기 때문이다. 이것은 단지

---

70) '禮者 養也'에서 養이란 '기르다'는 뜻이다. 하지만 여기서는 '길들이다'는 뜻으로 오독하였다. 인간의 언행이 예의 우리에 감금되기 때문에 그런 뜻으로 오독하였다.

마음의 수양에 의해서 해결될 수 있는 문제가 아니다. 인간의 외면을 다스리는 예가 중시될 수밖에 없다. 사람의 본성이 악하기 때문에 외면적으로 욕망에 한계를 부여하고 욕망이 현실의 생활 여건에 부합하도록 해야 한다. 따라서 순자는 맹자보다 한 걸음 더 나아가 예로써 욕망을 순화하고 길들이려고 하였다. 이런 점에서 순자의 욕망담론은 맹자의 욕망담론보다 진일보한 금욕주의라고 할 수 있다. 순자의 욕망담론은 내면의 理뿐만 아니라 외면의 禮로써 사람의 마음을 쥐어짜고 언행을 옥죄기 때문이다.

다) 성리학의 욕망담론

성리학은 송나라의 주돈이로부터 시작하여 장횡거·정호·정이를 거쳐 주희가 완성한 유교철학이다. 이 유교철학은 주희 이후 약 800년 동안 중국, 한국, 일본 등의 정치와 문화를 주도하였다. 이리하여 성리학의 영향력은 동양 삼국에 막강한 영향력을 행사했을 뿐만 아니라 동양 삼국의 생활 저변에까지 깊숙이 침투하였다. 이런 점에서 성리학의 욕망담론을 살펴보는 것은 곧 역사적 의의도 지닌다고 할 수 있을 것이다.

성리학은 理와 氣의 토대 위에 서 있다. 이는 기에 앞서 있지만 기가 있는 곳에는 항상 이가 따라다닌다. 이는 형체도 없고 그림자도 없지만 모든 사물에 존재하고 모든 사물에 앞서 존재한다. 理는 형이상의 道로서 천지와 만물에 앞선다. "천지가 생기기 이전에는 틀림없이 이치뿐이었다. 이치가 있기 때문에 곧 천지가 있는 것이다. 만약 이치가 없었다면 마찬가지로 천지도 없을 것이고 외물도 없었을 것이다."[71] 기란 실상도 있고 모양도 있다. 氣는 형이하의 器(사물)로서 만물을 생성하는 재료이다. "이치는 기운에서 떨어진 적이 없다. 그러나 이치는 형이상의 것이고, 기운은 형이하의 것이다. 형이상과 형이하의 관점에서 말한다면 어찌 앞뒤가 없겠는가! 이치는 형체가 없지만, 기운은 거칠어서 찌꺼기가 있다."[72] 사람과 만물이 생성될 때에 이를 품수한 연후에 본성을 지니며 기를 품수한 연후에 형태를 지닌다. 사람과 만물은 이의 후원 아래 기의 응집에 의하여 생성되는 셈이다. 따라서 기를 떠나서 이가 있을 수 없고 이를 떠나서 기가 있을 수 없다.

성리학에서는 心과 性을 구분한다. 심은 이와 기가 결합된 것으로서 구체적이고 생각하고 느끼고 작용한다. 따라서 심은 性과 情을 포괄한다. 하지만 性은 하늘에서 얻은 이치이므로 추상적이다. 따라서 성이 곧 이(性卽理)이며 사람의 본성은 순수하고 선하다.

사람의 본성이 순수하고 선하다면 왜 사람의 본성이 악한 쪽으로 가는가? "하늘이 명령한 본성은 본디 치우친 적이 없다. 단지 품부받은 기질에 치우친 것이 있기 때문에, 기운이 어둡거나 밝고 두텁거나 얇은 차이가 있게 된다. 그렇더라도 인자함·의로움·예의바름·지혜로움의 이치는 하나라도 빠져 있을 리가 없다. …… 그러나 이치는 역시 선할 뿐이다. 이미 이치라고 한다면, 어찌 악할 수 있겠는가! 악하다고 말하는 것은 단지 기운일 뿐이다. 맹자는 언제나 본성은 선하다고 했으며, 선하지 않은 것은 함정에 빠졌다고 설명하였다. 그것은 처음에는 선하지 않은 것이 없다가, 나중에야 비로소 선하지 않게 된다는 말이다. 만약 그렇다면 본성만 논의하고 기운은 논의하지 않은 것

71) 주희, 『朱子語類』, 허탁 외 역주, 청계, 1998, p.87.
72) 앞의 책, p.94.

이니, 조금 부족한 점이 있다. 그런데 명도 선생께서 기질이라는 말을 꺼내어 한 번 관련시켰더니 앞뒤의 문맥이 맞아 떨어져서 단번에 만족스럽게 갖추어졌다."[73] 주희는 정명도의 학설을 이어받아 사람의 본성을 본연지성(本然之性)과 기질지성(氣質之性)으로 나눔으로써 사람의 본성이 선하다는 맹자의 사상을 정당화하려고 하였다. 본연지성은 이치로서의 성품이다. 그렇기 때문에 본연지성은 순수하고 선할 수밖에 없다. 그리고 본성은 누구나 다 똑같이 갖추는 것이다. 그 반면에 기질지성은 각 개인이 실제로 육체를 갖춤으로써 생기며 본성에 기생하는 셈이다. 기질에는 혼탁이 있기 때문에 개인에 따라 기질이 달라진다. 그리고 기질지성의 구체적 내용이 정욕이다. 정욕은 대체로 악으로 흘러가기 쉽다. 따라서 사람이 악한 것은 기질지성에서 연유한다.

　주희는 사람의 본성을 본연지성과 기질지성으로 나눔으로써 천리, 즉 이성과 인욕, 즉 욕망의 대립구도를 만들어 냈다. 하지만 성리학의 욕망담론의 단초인 천리와 인욕의 구분은 『예기』의 「악기」에 이미 나온다. "사람의 마음은 태어날 때부터 조용하고 침착한 것이며 그것이 천성일 것이다. 그러나 또 마음은 외물에 느끼고 움직여 가지가지로 작용하는 것이며 그것은 인욕인 것이다. 마음이 외물에 느껴서 움직이면 지력이 작용해서 그 외물을 알며 그렇게 되면 호오의 정이 발생한다. 만일 마음속에서 호오의 정에 절도가 없고 몸 밖에서 사물이 자꾸만 지력을 현혹시켜 몸가짐을 반성할 수 없으면, 사람의 천리, 즉 이성은 멸망해 버린다. 그러므로 호오의 정이 절도가 없게 되면 사물이 밖으로부터 마음을 혼란케 하여 사람은 물건에 지배되는 것이 되

---

73) 앞의 책, p.538 이하.

며 천리(이성)가 멸하여 인욕, 즉 욕망이 왕성해진다."[74]

『예기』에 나오는 천리와 인욕에 관한 견해는 성리학의 '천리를 보존하고 인욕을 없앤다(存天理而滅人慾)'는 사상으로 발전한다. 천리란 理이므로 보편적이고 공평무사한 준칙이며 사람이라면 누구나 마땅히 따라야 하는 것이다. 인욕은 천리로부터 파생되어 어그러진 것으로서 사람을 해치고 죄악의 근원이 된다. 대궐 같은 집, 좋은 음식, 아름다운 남녀, 높은 지위 등을 탐하는 것이 인욕의 허물이다. 따라서 천리와 인욕은 구별되고 대립하는 것이다. 그러면서도 주희는 천리와 인욕이 동전의 양면처럼 서로 기대고 있다고 보았다. 마치 진흙 속에 연꽃이 피어나고 깨달음 속에 망령된 생각이 일어나듯이, "하늘의 이치가 있으면 사람의 욕심도 있다. 생각건대 저 하늘의 이치에는 반드시 편안하게 머무를 곳이 필요하기 때문에 편안하게 머물지 못하면 곧바로 사람의 욕심이 생겨난다. …… 하늘의 이치와 인간의 욕심은 항상 서로 대대하고 있다."[75] 그가 천리와 인욕을 분리해서 보지 않은 점에서 욕망에 관한 그의 생각이 한편으로는 불교의 영향을 받았고 다른 편으로는 욕망을 깊이 통찰하고 있음을 보여 준다고 할 수 있겠다.

하지만 인욕이 천리를 이기면 천리가 소멸하고 천리가 인욕을 이기면 인욕이 소멸한다. 그러므로 천리와 인욕은 확실히 구분되고 뒤섞여 있을 수 없다. "사람의 하나의 마음에 하늘의 이치가 간직되면 사람의 욕심은 사라지고, 사람의 욕심이 이기면 하늘의 이치는 없어지나, 하늘의 이치와 사람의 욕심이 함께 뒤섞인 경우는 없었다."[76]

---

74) 李相玉 譯, 『禮記』, 明文堂, 2003, p.973. 번역을 조금 고쳤다.

75) 주희, 『朱子語類』, 허탁 외 역주, 청계, 2001, pp.671-673.

76) 앞의 책, p.672.

주희의 성리학에서는 천리와 인욕이 서로 용납될 수 없는 셈이다. "사람에게는 다만 하늘의 이치와 인간의 욕심이 있을 뿐이다. 이쪽이 이기면 저쪽은 물러나고 저쪽이 이기면 이쪽은 물러나니, 가운데 서서 나아가지도 물러나지도 않을 도리가 없다. 무릇 사람은 나아가지 않으면 곧 물러난다."[77] 따라서 사람은 천리의 보존을 위해서는 인욕을 물리쳐야 한다. "배우는 사람이 인간의 욕심을 완전히 없애고 하늘의 이치를 회복해야만 비로소 배웠다고 할 수 있다."[78]

그러나 인욕을 없애기가 쉬운 일이 아님을 주희는 깊이 통찰하였다. 천리와 인욕은 구분되긴 하지만 천리와 인욕을 구분하기가 힘들다. '하늘의 이치와 인간의 욕심은 미세한 차이'[79]이기 때문이다. 그뿐만 아니라 사람의 욕심이란 틈만 나면 불쑥불쑥 솟아나기 때문에 욕심을 물리치기란 여간 힘든 일이 아니다. 그래서 배우는 사람은 욕심을 정밀하게 살피고 경계해야 한다. "아직 학문을 알지 못할 때는 마음이 인간의 욕심으로 가득 차 있다. 이미 학문을 알아서 하늘의 이치가 저절로 드러나고 인간의 욕심이 점차로 사라지는 것은 물론 좋다. 그러나 한 단계를 극복하면 다시 한 단계가 나타난다. 사람의 커다란 욕심은 물론 없어야 하지만, 사람의 미세한 욕심은 더욱 정밀하게 살펴야 한다."[80]

마음은 성과 정을 포괄하므로 주희는 마음을 道心과 人心으로 나누었다. 도심은 본연지성에 상응하므로 도심은 천리에 합치하여 선으로

---

77) 앞의 책, p.676.
78) 앞의 책, p.677.
79) 앞의 책, p.673.
80) 앞의 책, p.678. 번역을 조금 고쳤다.

나아갈 수 있다. 인심은 기질지성에 상응하므로 인심은 천리에 위배되어 인욕으로 나아간다. 그렇기 때문에 우리는 도심을 붙잡기 힘들고 인심으로 나아가기 쉽다. 따라서 주희는 천리를 간직하고 인욕을 막아야 한다고 주장하였다.

"공자는 '자기를 다스려서 예의 바름을 회복한다'고 말했고 『중용』에서는 '표준과 조화를 다하고', '덕성을 높이고, 학문에 말미암는다'고 하였고 『대학』에서는 '밝은 덕을 밝힌다'고 하였고 『서경』에서는 '사람의 마음은 위태롭고 도를 간직한 마음은 은미하다. 오직 정밀하게 하고 오직 한결같이 하여 진실로 그 표준을 붙잡으라'고 하였다. 성현의 수많은 말씀은 단지 사람들이 하늘의 이치를 밝히고 사람의 욕심을 없애게 하려는 것이다."81)

천리를 보존하고 인욕을 제거하려면 어떻게 해야 하는가? 주희는 마음을 수양해서 예에 따라 살아가야 한다고 생각하였다. 이러한 덕성을 함양하려면 어떻게 해야 하는가? 주희는 居敬窮理에 힘쓸 것을 권고하였다. 요컨대 사람은 매사에 경건한 자세로 임하고 格物致知하여 하늘의 이치를 밝히는 데 힘써야 할 터이다.

천리란 서양철학의 이성으로 환원될 수 없지만 유사한 데가 있고 인욕이란 서양철학의 욕망에 해당된다. 그런데 성리학에서는 천리가 인욕을 이겨 없애 버려야 도를 터득할 수 있다고 하였다. 그러므로 성리학의 욕망담론이란 기본적으로 금욕주의를 벗어날 수 없다. 하지만 서양의 전통적 금욕주의와는 달리 성리학에서는 사색뿐만 아니라 경건한 생활의 실천과 인격수양도 강조되었다.

---

81) 앞의 책, p.590 이하.

유교의 욕망담론은 성리학으로 끝나는 건 아니다. 명나라 때 양명학이 일어나 성리학의 금욕주의를 이어받았다. 그 이후에도 성리학의 금욕주의는 주류로 자리 잡았다. 대진 등의 유학자들이 욕망을 긍정적으로 해석하긴 했지만 유학의 주류는 아니다.

(2) 불교의 욕망담론

불교는 석가가 창시하였다. 불교의 욕망담론도 당연히 석가의 교설에 기인한다. 그러므로 불교의 욕망담론을 살펴보는 일은 석가의 교설을 살펴보는 데서부터 시작해야 할 것이다.

석가는 욕망을 아주 깊이 통찰하였다. 그는 욕망의 달콤함과 더러움을 샅샅이 꿰뚫어 보았다. 아울러 그는 욕망이 맹목적이며 채워질 수 없음도 꿰뚫어 보았다. 그리하여 그는 욕망이 죄악과 고뇌의 근원임을 강조하고 욕망을 버릴 것을 권고하였다. 석가의 가르침은 여기서부터 시작하므로 사성제와 연기사상을 살펴보기 전에 욕망을 질타하는 석가의 설법을 먼저 들어 보자.

> "수행자들이여, 욕심은 더럽기가 똥 무더기와 같고, 앵무새처럼 말이 많고, 은혜를 모르기는 저 독사와 같고, 허망하기는 햇볕에 녹는 눈과 같다. 그러므로 그것을 버리기를 시체를 무덤 사이에 버리듯이 하라. 또한 욕심이 스스로를 해치기는 독사가 독을 품는 것과 같고, 싫증이 나지 않기는 짠물을 마시는 것과 같으며, 욕심을 채우기 어렵기는 바다가 강물을 머금는 것 같으며, 두렵기는 야차마을과 같으며, 원수와 같으므로 항상 떠나 있어야 한다.
> 또한 욕심의 맛이 무섭기는 칼끝에 바른 꿀과 같고, 사랑할 것이 못 되는 것은 길에 버려진 해골과 같으며, 욕심이 얼굴에 나타나기

는 뒷간에서 꽃이 나는 것과 같고, 참되지 못한 것은 겉이 화려한 병 속에 더러운 물건을 가득 채운 것과 같으며, 튼튼하지 못한 것은 물거품과 같다. 그러므로 수행자들은 욕심을 멀리 떠나고 더럽다는 생각을 해야 마음이 해탈을 얻을 수 있느니라."[82)]

불교의 욕망담론은 석가의 교설인 四聖諦 八正道와 12緣起로부터 출발한다. 석가의 사성제는 苦, 集, 滅, 道의 4단계로 나누어진다. 인생은 고해이다. (고성제) 이 고해의 원인은 욕망의 집착이다. (집성제) 이 집착을 벗어나야 윤회의 업보를 끊고 고뇌를 없앨 수 있다. (멸성제) 이러한 해탈에 도달하기 위해서는 여덟 가지 바른 길을 사람들은 걸어가야 한다. (도성제) 여기서 여덟 가지 바른 길이란 正見, 正思惟, 正語, 正業, 正命, 正精進, 正念, 正定이다. 석가는 사성제의 가르침을 통하여 욕망의 정복을 강조한 셈이다.

또한 석가는 이러한 욕망의 집착이 허망함을 12연기(無明 → 行 → 識 → 名色 → 六入 → 觸 → 受 → 愛<tanhā> → 取 → 有 → 生 → 老死)로 밝혀내었다. 12연기란 온 생명의 상호 의존적이고 상관적인 고리를 열두 단계로 나누어 윤회를 벗어나지 못함을 밝히는 교설이다. 우리 인간이 존재의 실상을 알지 못하기 때문에 어리석어서(무명) 여러 가지 맹목적인 의지와 활동이 생겨 업을 이루고(행) 여러 가지 의지와 활동이 있음으로써 오감의 작용과 의식이 생겨나며(식) 의식적인 지각이 있기 때문에 정신과 물질의 현상이 생겨나고(명색) 정신과 물질의 현상에 힘입어 여섯 가지 감각이 형성되고(육입) 여섯 가지 감각에 힘입어 밖의 대상과 접촉함이 있게 된다(촉). 밖의 대상과 접

---

82) 홍사성 편, 『한 권으로 읽는 아함경』, 불교시대사, 2009, p.373 이하.

촉함으로써 여러 가지 느낌을 받아들이게 되고(수) 여러 가지 느낌을 받아들임으로 인하여 여러 가지 탐욕과 갈망이 생겨난다(애). 탐욕과 갈망으로 인해 집착하여 붙잡고 놓지 아니한다(취). 집착하여 놓지 않으므로 이 세상의 존재로 생겨난다(유). 존재가 있음으로써 생명이 있게 되고(생) 생명이 있음으로써 늙음과 죽음의 고통이 생겨난다(노사). 연기사상은 간단하게 요약하면 다음과 같다: 이것이 있으면 저것이 있고 이것이 발생하면 저것이 발생한다. 이것이 없으면 저것이 없고 이것이 소멸하면 저것이 소멸한다. 바꾸어 말하면 존재하는 모든 것이 상호 의존하고 상호 관계하므로 자립적으로 존재할 수 없고 인연에 따라 생멸할 뿐이다. 만일 그렇다면 고정불변의 실체나 자아는 부정된다. 이 세상에 영원히 존재하는 것은 없다. 자아도 나의 것도 실체가 없으며 무상할 뿐이다.

三法印의 諸行無常(이 세상의 모든 것은 영원히 변하지 않는 것이 없다), 諸法無我(이 세상의 모든 것은 꼭 나의 소유라고 할 수 없다)도 연기 사상의 또 다른 표현이다. 우리가 욕망하고 집착하고 내 것으로 만들려고 하는 유무형의 대상도 부질없고 허망한 것에 불과하고 자아도 오온(色, 受, 想, 行, 識)의 무더기에 불과하다. 그러한 대상을 욕망하는 집착도 아집도 12연기의 사슬 한 계기에 지나지 않는다. 그렇다면 욕망의 집착도 아집도 허망하고 부질없지 않은가.

불교의 이상인 열반은 불이 꺼진 상태를 의미한다. 이 불은 욕망의 불을 가리킨다. 따라서 불교에서는 욕망에서 벗어나는 것이 무엇보다도 관건이다. 12연기에서는 업보의 근원이 무명이지만 사성제에서는 갈애(tanhā)가 고의 근원이다. 갈애는 욕망의 한 표현이다.

불교의 사성제와 연기사상이 위대한 사상을 품고 있긴 하지만 그

저변에는 금욕주의가 흐르고 있다. 불교의 금욕주의는 화택의 비유와 목우도에서 잘 드러나 있다. 그리하여 이제 화택의 비유와 목우도를 살펴보자.

가) 화택의 비유

『아함경』에는 욕망을 불에 비유해서 경계하는 석가의 설법이 등장한다. 이 설법은 욕망을 위험시하는 불교의 경향을 시적으로 잘 드러내 주기 때문에 이 설법의 전문을 그대로 인용해 보자.

> "비구들이여, 사람도 저와 같이 불타고 있다. 사람의 무엇이 불타고 있는가. 눈이 타고 눈의 인식대상인 물질이 타고 있다. 귀가 타고 귀의 인식대상인 소리가 타고 있다. 코가 타고 코의 인식대상인 냄새가 타고 있다. 혀가 타고 혀의 인식대상인 맛이 타고 있다. 몸이 타고 몸의 인식대상인 감촉이 타고 있다. 의식이 타고 의식의 인식대상인 생각(法)이 타고 있다.
> 비구들이여, 이것들은 무엇 때문에 이렇게 불타고 있는 것인가. 그것은 탐욕과 성냄과 어리석음 때문에 불타는 것이다. 그로 인해 태어남과 늙음과 병듦과 죽음이 불타는 것이다. 또한 근심과 슬픔과 번뇌와 괴로움이 불타는 것이다. 그러므로 비구들이여, 너희들은 이 모든 불타는 것과 그 원인에 대해 싫어하는 생각을 가져야 한다. 일체에 대해 싫어하는 생각을 가질 때 탐·진·치의 불꽃이 꺼지고 생로병사와 수비뇌고에서 벗어나 해탈을 얻게 된다."[83]

불교에서 욕망을 얼마나 위험시하는지는 『법화경』의 화택의 비유에도 잘 나타나 있다. 화택의 비유에서 욕망은 불로, 이 세상은 불타는 낡고 썩은 집으로, 불이 난 줄도 모르고 뛰노는 철없는 아이들은

---

83) 홍사성 편, 『한 권으로 읽는 아함경』, 불교시대사, 2009, p.529 이하.

탐욕에 눈이 어두운 중생으로 비유된다. 모든 고통의 원인은 탐욕이므로 탐욕을 멸하고 해탈하라는 가르침이 이 비유의 요지이다. 그러면 화택의 비유를 살펴보자.

옛날에 어느 나라의 한 마을에 큰 부자가 살았다. 이 부자는 재산이 한량없이 많았고 집도 대궐만큼 크고 하인도 많았다. 하지만 집은 오래되어 낡고 썩어 위태로웠다. 어느 날 갑자기 사방에서 불이 나 집이 타들어 갔다. 집 안에는 30명이나 되는 부자의 자식들이 불난 줄도 모르고 장난에만 정신이 팔려 있었다. 부자는 집이 불에 휩싸인 것을 발견하고 불타는 집에서 뛰쳐나오라고 아이들에게 고함을 지르지만 아이들은 놀기만 하고 나오려 하지 않았다. 다급한 부자는 아이들이 장난감을 좋아하는 줄 알고 양이 끄는 수레, 사슴이 끄는 수레, 소가 끄는 수레가 지금 대문 밖에 있다고 어른다. 그러자 여러 자식들이 기뻐하면서 불타는 집에서 뛰쳐나왔다. 부자는 이들에게 칠보로 꾸민 큰 수레를 주었다.

이 비유에서 양이 끄는 수레는 성문승을, 사슴이 끄는 수레는 벽지불을, 소가 끄는 수레는 보살을 뜻한다. 성문승은 안으로 지혜가 있으며 부처의 법을 듣고 믿으며 부지런히 정지하여 열반을 구하는 사람을 가리킨다. 벽지불은 부처의 법을 듣고 믿으며 부지런히 정진하여 모든 법의 인연을 깊이 깨달았지만 조용한 곳에서 혼자 있기를 즐기는 사람을 가리킨다. 보살은 부처의 법을 듣고 믿으며 부지런히 정진하여 一切智와 佛智를 구하려고 하지만 중생을 가엾이 여겨 중생을 제도하려고 하는 사람을 가리킨다. 칠보로 꾸민 큰 수레는 대승의 일불승을 가리킨다.

이 비유에서 부자는 장난감이라는 방편을 이용하여 아이들을 불타는 집 밖으로 뛰쳐나오게 하였다. 물론 부자는 힘과 기운이 넘치지만 쓰지 않았다. 만일 그렇게 하면 도리어 아이들이 위험해지고 아이들이 감당할 수 없었기 때문이다. 여래도 마찬가지이다. 여래도 중생을 제도할 충분한 힘과 지혜가 있지만 중생이 감당할 수 없음을 알고 삼승의 방편을 써서 대승으로 인도한다.

이 비유는 이 세상이 썩어 문드러지고 더럽고 험악하고 고통스러운 곳임을 말해 준다. 이 세상이 그런데도 불구하고 중생은 탐욕에 눈이 어두워 이 세상을 여읠 줄 모른다. 부처는 중생의 이러한 사정을 이렇게 말한다. "중생들이 나고 늙고 병들고 죽으며, 근심하고 슬퍼하고 고통과 고뇌의 속에서 시달리는 것을 보며 또한 다섯 가지 욕망과 재물을 위하여 가지가지 고통을 받으며 또 탐하고 구하느라 현세에서 뭇 고통을 받다가 …… 이러한 가지가지 고통 속에 중생이 빠져 있으면서도, 즐거워하고 유희하느라 깨닫지 못하고 알지 못하며 놀라거나 두려워하지도 아니하며, 싫증을 내지도 않고 해탈을 구하려 하지도 아니하며, 삼계의 불타는 집(火宅)에서 동서로 뛰어다니느라 큰 고통을 당하면서도 걱정할 줄 모르는구나."[84] 하지만 부처의 지혜와 힘으로도 중생을 제도할 수 없어서 부처는 방편을 사용하기에 이른다. 그만큼 중생은 욕망의 불에서 빠져나오기가 힘들다는 것을 이 비유는 여실하게 드러낸다. 그리고 욕망은 중생을 어리석음과 고통의 나락으로 빠뜨리기 때문에 중생은 욕망의 불로부터 빠져나와야 한다는 것이 이 비유의 요지일 것이다.

따라서 화택의 비유는 불교가 근본적으로 금욕주의에 기반하고 있

---

84) 李雲虛 譯, 『法華經』, 동국대학교 역경원, 1990, p.94 이하.

음을 잘 보여 준다. 불교는 초기부터 지금까지 계속해서 욕망과 싸워 왔다. 그래서 불교는 욕망으로부터 벗어나기 위해 마음의 작용을 치밀하게 연구하였다. 또한 욕망의 집착을 부수기 위해서 이 세상이 얼마나 허망하고 고통스러운 것인가를 불교는 보여 주려고 하였다.

나) 보명의 목우도

보명의 목우도

화택의 비유는 욕망이 얼마나 위험한 것이며 욕망으로부터 사람이 벗어나기 얼마나 어려운지 잘 드러내는 부처의 설법이다. 보명의 『목우도』는 이러한 불교의 정신을 담고 있으면서도 사람이 욕망에서 벗어나 깨달음에 이르는 단계를 그림으로 보여 주는 송나라 시대의 작품이다. 그러나 『목우도』는 화택의 비유와는 달리 검은 소가 점차 희어지다가 사라지는 단계를 제시함으로써 욕망을 길들이는 단계를 규명했다.

요즈음 곽암의 『심우도』가 우리나라에서 널리 퍼져 있고 주로 관심의 대상이 되고 있다. 이는 일본불교의 영향인 것 같다. 중국이나 한국에서는 주로 19세기까지 보명의 『목우도』가 널리 퍼져 있었다. 그런 점에서 보명의 『목우도』가 불교의 정통을 이어받는 작품이라고 볼 수 있다.

보명의 『목우도』는 티베트의 『十象圖』와 상당히 유사하다. 게다가 성리학의 전성기인 송나라 시대에 만들어진 보명의 『목우도』는 욕망에 관한한 성리학의 이념과 일맥상통한다. 따라서 보명의 『목우도』는 불교의 금욕주의를 아주 잘 드러내는 작품이라고 할 수 있다.

여기서는 『목우도』의 10단계 중 욕망을 길들이는 6단계까지만 살펴보자.

첫째로, 未牧의 단계에서는 소는 욕망으로 온통 오염되어 천방지축 날뛴다. 보명의 게송은 다음과 같다.

> 성난 뿔 쳐들고 멋대로 포효하며
> 산과 계곡 쏘다니니 길 더욱 멀어지네.
> 한 조각 검은 구름 골짜기 입구에 걸리니
> 뉘랴 알랴, 걸음마다 좋은 싹 해치는 걸.[85]
> (猙獰頭角恣咆哮 犇走溪山路轉遙
> 一片黑雲橫谷口 誰知步步犯嘉苗)

---

85) 장순용, 『선이란 무엇인가』, 세계사, 1991, p.83.

미목의 그림을 보면 검은 소는 고삐가 없는 야성의 소이다. 채찍을 든 목동이 어쩔 줄 모르고 검은 소가 날뛰는 모습을 바라만 보고 있다. 목동의 뜻에 따라 전혀 제어되지 않는 야성의 검은 소가 바로 길들지 않은 욕망을 의미한다. 하지만 목동과 소는 본래 둘이 아니라 나의 각각 다른 모습이다.

둘째로, 初調의 단계에서는 야성의 검은 소는 코를 고삐에 꿰어서 처음으로 길들여진다.

> 내게 있는 고삐로 곧장 코를 꿰어서
> 한바탕 다투면서 아프도록 채찍질.
> 과거의 나쁜 성질 다스리기 어려운지
> 목동은 여전히 온몸으로 당기네.[86]
> (我有芒繩驀鼻穿 一廻奔競痛加鞭
> 從來劣性難調制 猶得山童盡力牽)

초조의 그림을 보면 소의 주둥이가 희다. 목동이 처음으로 믿음을 일으켜 용맹하게 수행하여 욕망과 대적한다. 야성의 검은 소가 욕망의 습성에서 조금 벗어났지만 길은 아직 멀었다. 목동이 고삐를 잡아당기고 채찍질을 가하여서야 검은 소의 못된 습성을 겨우 제어할 수 있다.

셋째로, 受制의 단계에서는 야성의 검은 소는 비로소 목동의 제재를 받아들인다.

> 점점 조복되면서 날뛰던 것 그치니

---

86) 앞의 책, p.86.

물 건너는 구름 넘어도 걸음걸음 뒤따른다.
손에 쥔 고삐 잠시도 늦추지 않으니
목동은 종일토록 저절로 피로 잊네.[87]
(漸調漸伏息奔馳 渡水穿雲步步隨
手把芒繩無少緩 牧童終日自忘疲)

　이 단계에서 검은 소는 머리 부분이 희어졌다. 야성의 검은 소는 성질이 못돼서 미쳐 날뛰다가 이제 목동의 채찍질에 겨우 고삐 따라 앞으로 움직인다. 하지만 목동은 안심할 수 없어 하루 종일 용맹 정진하여 욕망을 길들인다.
　넷째로, 廻首의 단계에서는 야성의 검은 소는 비로소 목동이 고삐를 잡아끄는 대로 머리를 돌린다.

갈수록 공 깊어져 처음으로 머리 돌리니
미친 듯 날뛰던 마음 부드럽게 되어 간다.
하지만 산동은 아직 마음 놓을 수 없어
여전히 고삐로써 잡아매는구나.[88]
(日久功深始轉頭 顚狂心力漸調柔
山童未肯全相許 猶把芒繩且繫留)

　이제 소의 거친 마음이 한결 부드러워졌다. 이에 따라 검은 소는 몸통까지 희어졌다. 목동의 용맹정진이 이제야 빛을 보기 시작한다. 그러나 목동이 소의 고삐를 놓기에는 아직 이르다. 소가 언제 날뛸지 모르기 때문이다.
　다섯째로, 馴伏의 단계에서는 야성의 검은 소는 꼬리 부분을 제외

---

87) 앞의 책, p.89.
88) 앞의 책, p.92.

하고는 온통 희어졌고 고삐와 채찍이 없어도 목동을 따른다.

> 푸른 버들 그늘 밑 옛 시냇가에
> 놓아 보내고 거두어들임이 저절로 그러하네.
> 해질녘 구름 푸른 방초의 땅으로
> 목동은 돌아가나 고삐가 필요 없네.[89]
> (綠楊陰下古溪邊 放去收來得自然
> 日暮碧雲芳草地 牧童歸去不須牽)

이제 소는 고삐가 없이도 조용히 목동을 따를 정도로 길들여졌다. 다시 말해 욕망이 조용히 잠든 셈이다. 그러나 아직까지는 욕망의 오염은 완전히 소멸되지는 않았다. 소의 꼬리 부분이 검게 표시된 것은 이 때문이다.

여섯째로, 無碍의 단계에서는 욕망의 오염은 일단 사라지고 걸림이 없는 경지에 나는 도달한다.

> 맨땅에서 편히 자니 뜻이 절로 따르고
> 채찍질하지 않아도 영원히 걸림이 없네.
> 산동은 푸른 소나무 아래 평온히 앉아
> 태평가 한 곡을 부르니 즐거움이 넘치누나.[90]
> (露地安眠意自如 不勞鞭策永無拘
> 山童穩坐靑松下 一曲昇平樂有餘)

욕망을 다스리는 나는 욕망의 소와 하나가 되어 걸림이 없는 경지에 이른다. 채찍질과 고삐에 의해 욕망의 소는 완전히 길들여져 내

---

89) 앞의 책, p.95.
90) 앞의 책, p. 98

마음대로 움직이니 고삐도 버린 채 평온한 마음으로 기뻐 노래를 부른다. 하지만 욕망의 오염이 완전히 사라진 건 아니다.

『목우도』는 뒤에도 이어지지만 여기서 그치자. 욕망이 길들여지는 과정만이 우리의 관심사이기 때문이다. 욕망을 길들이고 욕망을 없애려는 『목우도』의 사상은 불교의 금욕주의를 잘 드러낸다. 이렇게 본다면 욕망을 대하는 태도에서 유교와 불교가 본질적으로 다른 바가 뭐가 있겠는가?

다) tanhā, rāga, kāma, chanda

불교에서는 오늘날 우리가 욕망이라고 부르는 것에 해당하는 여러 낱말들이 있다. tanhā, rāga, kāma, chanda 등이 그것이다.[91]

kāma는 보통 애욕으로 번역된다. kāma는 어원상으로는 감각적 의미의 욕망이다. 좁게는 성적 사랑을, 넓게는 세속적 쾌락을 의미한다. 무엇보다도 애욕이 모든 욕망의 출발점이 될 뿐만 아니라 세상 전부가 kāma의 대상일 수도 있으므로 불교에서 가장 철저하게 경계되는 욕망이다.

tanhā는 보통 갈애로 번역된다. tanhā는 우리가 몹시 목이 타서 물을 마시려고 할 때 느끼는 욕망과 같다. tanhā는 허기진 상태를 의미하므로 결핍을 뜻한다고 할 수 있다. 이 욕망은 끝이 없이 먹어 치우려는 욕망이다. tanhā는 無明 → 行 → 識 → 名色 → 六入 → 觸 → 受 → 愛(tanhā) → 取 → 有 → 生 → 老死라는 12緣起에도 나온다.

rāga는 보통 탐욕으로 번역된다. 무엇이든지 내 것으로 만들려고

---

91) 김종욱 편, 『욕망』, 운주사, 2008, p.29 이하를 참고하라.

하는 욕망이다. rāga는 三毒인 貪·嗔·痴의 첫 번째에 해당하며 집착하는 욕망이다.

chanda는 보통 의욕으로 번역된다. 욕망으로부터 벗어나려는 의욕도 chanda이고 나쁜 짓을 하려는 의욕도 chanda이다. 그러므로 chanda는 선한 의욕이 될 수도 있고 나쁜 의욕이 될 수 있다. 불교의 깨달음은 궁극적으로 이 욕망도 넘어서야 한다.

근래에 초기 불교의 빨리어 용어를 통해서 불교의 욕망 이해를 오도하는 경향이 있다. 불교가 욕망을 부정하는 것만은 아님을 증명하려는 시도가 있었다. 그것은 손바닥으로 해를 가리려는 수작에 불과하다. 불교는 분명히 욕망을 죄악의 근원으로서 부정한다. 그리고 불도를 수행하려는 욕망을 불교가 긍정한다고 해서 불교가 욕망을 긍정한다고 할 수는 없을 것이다. 불교에서는 이 욕망조차도 넘어서야 깨달음에 도달할 수 있기 때문이다.

욕망을 불에 비유하여 욕망을 경계하려는 석가의 계송은 엘리어트의 시 「황무지」에도 인용될 정도로 유명하다. 엘리어트도 그런 식으로 석가의 계송을 해석한다. 불교의 기본교리는 욕망을 부정한다. 그러나 불교의 발전과정에서 욕망을 마냥 부정하는 게 아니라 욕망의 심연에 뛰어들어 깨달음을 얻으려는 흐름도 있다. 이런 흐름도 욕망을 지배하고 정복하려는 불교의 기본교리로부터 벗어나는 것은 아니다. 이런 흐름은 수행방법의 방편에 불과하기 때문이다.

라) 서양의 전통적 금욕주의와 다른 불교의 금욕주의

불교는 기본적으로 욕망을 위험한 것, 죄악과 고뇌의 근원으로 간주한다. 그래서 불교는 중생이 욕망을 싫어하여 버리고 욕망과 싸워 이길 것을 권고한다. 이런 점에서는 서양의 전통적 금욕주의와 다를 바가 없다. 그러나 불교는 서양의 전통적 금욕주의와 다른 점이 있다.

첫째로, 석가는 욕망을 12연기의 사슬 안에서 사유하였다. 바꾸어 말하자면 그는 욕망을 관계로 파악했다. "내가 스스로 알고 스스로 깨달은 바에 의하면 모든 것은 인과 연이 합하여 일어난다. 육계(六界: 地·水·火·風·空·識)가 합함으로 인하여 어머니의 태에 태어나고, 그로 인하여 육처(六處: 眼·耳·鼻·舌·身·意)가 생기고 육처로 인하여 감각이 생기고, 감각으로 인하여 집착이 생기며, 집착으로 인하여 괴로움이 일어난다. 괴로움을 멸하고 참다운 행복을 성취하기 위해서는 팔정도를 닦아야 한다."[92] 욕망은 심신과 감각의 작용에 의해서 생기는 셈이다. 욕망에 대한 석가의 이러한 통찰은 현대적인 욕망이해의 선구가 될 수 있다.

둘째로, 석가는 욕망에서 벗어나는 수행의 방법을 구체적으로 제시하였다. 서양의 전통적 금욕주의는 이성을 앞세워 욕망을 옥죄려고 하였다. 하지만 석가는 호흡과 명상을 통하여 선정에 들어 몸과 마음의 순수한 평온을 체득함으로써 욕망으로부터 벗어나는 방법을 제시하였다.

> "호흡을 관찰하는 수행을 닦아 익혀라. 만약 수행자가 수식관을 닦아 익히면 몸과 마음이 쉬게 되고 거친 생각과 미세한 생각이 순일해지며, 순수하고 분명한 생각을 닦아 만족하게 된다. 이러한 수행은 어떻게 하는 것이 좋은가.
> 먼저 여러 감각기관을 잘 단속하고 고요한 방이나 나무 밑에 몸을 단정히 하고 앉는다. 생각은 눈앞에 매어 두고 탐욕과 성냄과 수면

---

92) 홍사성 편, 『한 권으로 읽는 아함경』, 불교시대사, 2009, p.438.

과 들뜬 생각과 의심을 모두 단절해 버린다. 그런 뒤 숨을 들이쉬
거나 내쉴 때는 오직 숨을 쉰다는 것에만 생각을 집중한다. 들숨
때는 숨이 들어오고 있구나, 날숨 때는 숨이 나가고 있구나 하고
관찰한다.

만약 몸을 움직이게 되면 움직이는 몸의 상태를 관찰해서 몸의 움
직임을 잠시라도 놓치지 않는다. 이를 들숨 날숨 때처럼 알아챈다.
만약 대상과 경계가 기쁨이거나 즐거움이면 이것에 집중하여 관찰
하여 알고, 마음의 기쁨과 마음의 고요함이 생기면 들숨과 날숨 때
이것에 집중하여 관찰하여 알아챈다. 또 덧없음(無常)과 끊음(斷)과
욕심 없음(無慾)의 경계에 이르러서도 들숨과 날숨을 관찰하여 여
기에 집중한다.

이렇게 닦으면 몸과 마음이 쉬게 되고, 거친 생각과 미세한 생각이
순일해지며, 순수하고 분명한 생각을 닦아 만족스러워진다."[93]

(3) 도교의 욕망담론

도교는 유교와 불교와는 달리 금욕주의로 규정하기가 애매하다.
오히려 도교의 선구자들은 양생의 방법으로 욕망의 방임을 주장했다.
물론 노자와 장자는 무욕을 주장했다. 하지만 그들이 제창한 무욕은
유교와 불교의 금욕주의를 의미하지는 않는다. 유교와 불교에서는 욕
망을 제어하기 위해 마음의 작용을 세밀하게 연구해서 마음을 쥐어
짜는 경향이 있다. 하지만 도교는 그렇지 않다. 게다가 도교의 불로장
생의 추구나 방중술은 도교에서 사람의 욕망을 긍정적으로 받아들이
고 있음을 여실히 드러내 준다.

도교의 출발점은 양주의 경물중생(輕物重生)이다. 양주는 의로운 일
임에도 위태로운 성에 들어가려고 하지 않았고 나라를 지키기 위해

---

93) 홍사성 편, 『한 권으로 읽는 아함경』, 불교시대사, 2009, p.423.

서 군에 입대하려고도 하지 않았다. 게다가 그는 천하의 大利를 위해서 종아리의 털 한 오라기도 뽑지 않으려고 하였다. 그는 세상의 그 어떤 것보다도 자신의 생명을 중시하였다. 그리하여 그는 자신의 생명을 온전히 가꾸고 보살필 수 있는 쪽으로 살아갔다. 그의 이러한 사상이 경물중생의 사상이다. 양주의 말을 들어 보자. "옛날 伯成子高라는 분은 자기의 머리카락 한 오라기를 가지고서라도 남을 이롭게 하지 않았다. 그는 마침내 나라를 버리고 초야에 묻혀서 밭을 갈고 있었다. 그러나 위대한 우(禹) 임금은 자기 몸만 이롭게 하지 않고 온 천하를 위하여 일을 하다가 그만 몸이 지쳐서 죽어 버렸다. 그러므로 옛날사람들은 자기의 털 한 오라기를 뽑아서 천하를 이롭게 한다고 해도 그것을 뽑지 않았다. 또 온 천하의 물건을 다 모아 자기의 한 몸을 위한다고 해도 역시 그것을 취하지 않았다. 이와 같이 사람마다 다 자기의 털 한 오라기라도 뽑지 않고, 사람마다 다 천하를 이롭게 하지 않는다면 천하는 다 저절로 다스려질 것이다."[94]

양주의 사상을 이어받은 경물중생의 선비들은 節慾, 달리 말하면 금욕주의를 반대하고 從欲, 즉 욕망의 방임을 주장하였다. 절욕이란 욕망을 통제하여 꼭 필요한 언행만을 함으로써 생명력을 확충하려는 양생방법이다. 하지만 보통사람은 자신의 욕망을 통제하기란 굉장히 어려운 일이다. 더군다나 절욕은 도리어 생명력을 위축시킬 수 있다. 만일 사람이 자신을 이겨 내지 못해 욕망을 다스리지 못한다면 절욕은 욕망을 눌러서 생명력을 위축시킬 뿐만 아니라 욕망을 제압하지 못해서 성품에 상처를 줄 수 있다. 이러한 경우에는 사람은 욕망을

---

94) 열자, 『열자』, 김경탁 역, 한국자유교육협회, 1975, p.191.

충족시키지 못하여 마음에 상처를 받게 되고 욕망을 제압하지 못해서 마음에 상처를 입는다. 이런 경우를 거듭 해침, 마음에 거듭 상처주기(重傷)라고 한다. 그래서 그들은 마음에 두 번 상처를 줄 수도 있는 절욕, 즉 금욕주의를 반대하고 從欲, 즉 욕망의 방임을 주장했다.

『열자』의 「양주편」에는 양생법에 관한 안평중과 관이오의 문답이 실려 있다. 여기서 안평중이 양생법을 묻자 다음과 같이 관이오는 대답하였다. "자기가 하고 싶은 대로 할 뿐이요. …… 귀는 듣고 싶은 대로 듣고, 눈은 보고 싶은 대로 보고, 코는 맡고 싶은 대로 냄새를 맡고, 입은 말하고 싶은 대로 말하고, 몸은 편안히 지내고 싶은 대로 편안히 지내고, 마음을 뜻대로 실행하면 그만이요. 대체로 귀로 듣고 싶은 것은 바로 음성이오. 그런데 이 음성을 듣지 못하게 하는 것을 귀의 청각을 막아 버리는 것이라 하오. 또 눈으로 보고 싶은 것은 미색이오. 그런데 이 미색을 보지 못하게 하는 것을 눈의 시각작용을 막아 버리는 것이라 하오. 또 코로 냄새를 맡고 싶은 것은 바로 후추와 난초의 향기요. 또 입으로 말하고 싶은 것은 옳은 것을 옳다 하고 그른 것은 그르다고 말하는 거요. 그런데 이 옳고 그른 것을 말 못 하게 하는 것을 사람의 의지작용을 막아 버리는 것이라 하오. 또 몸이 편안히 지내고 싶은 것은 바로 미와 행복이오. 그런데 이 미와 행복을 추구치 못하게 하는 것을 사람의 쾌락을 막는 것이라 하오. …… 이와 같이 사람이 사람의 모든 자연본능을 막아 버린다는 것은 아주 잔혹한 군주의 행위 곧 이지작용(理知作用)이 아닐 수 없소. 이 이지작용을 제거한 연후에 매일매일 마음대로 뜻대로 기쁘게 살아가다가 죽는 날에 가서 죽을 뿐이오."95) 요컨대 『열자』의 「양주편」에서는 사람들이 자연스럽게 발생하는 욕망을 억지로 누르지 말고 자연스럽게 발산하여 즐겁게 인생을 살아가라고 권고하였다.

이와 같은 사상은 『장자』에도 重生과 거듭 해침, 거듭 상처 주기(重傷)의 사상으로 등장한다. 『장자』의 「양왕」에는 중산공자모와 첨자의 대화가 실려 있다.

> 언젠가 中山의 領主가 된 일이 있는 魏나라 公子牟가 瞻子에게 말했다.
> "나의 몸은 江河와 大海의 물가에 숨어 지내지만 마음은 魏闕의 朝廷 아래에 가 있으니 어찌하면 좋겠습니까?"
> 瞻子가 말했다.
> "자기의 생명을 존중하십시오. 생명을 존중하면 이익은 가벼워질 것입니다."
> 中山公子牟가 말했다.
> "비록 그 이치를 알고 있으나 아직 스스로 극복하지 못했습니다."
> 瞻子가 말했다.
> "스스로 극복하지 못하면 내키는 대로 따르십시오. 그러면 정신이 미워하는 일은 없지 않겠습니까? 스스로 극복하지 못하는데 억지로 따르지 않으면 이것은 <자기를> 거듭 해치는 것이니 거듭 해친 사람치고 장수하는 무리에 끼어든 경우는 없습니다."[96]

그러나 욕망의 자연스러운 발산으로 생명을 가꾸고 보살피려는 사상은 아무래도 세속적이며 적어도 세속에 영합하려는 경향을 띨 수밖에 없다.

노자는 사람의 여러 가지 욕망이 다분히 인위적임을 간파하였다. 사람의 소유욕, 명예욕, 지배욕 등이 인위적이며 이러한 인위적인 욕

---

95) 앞의 책, p.183.
96) 장자, 『莊子』 4, 傳統文化研究院, 安炳周 외 譯註, 2006, p.124.

망 때문에 세상에 혼란이 오므로 인위적인 욕망을 없애야 한다고 주장했다. "만일 위정자가 정치를 할 때에 재능이 있는 사람을 잘한다고 칭찬을 해 주지 않는다면, 백성들은 자연히 남보다 무엇이든지 잘하겠다는 경쟁심이 없어지게 된다. 구하기 어려운 진기한 재물이라도 귀중하게 여기지 않는다면, 백성들은 자연히 남의 물건을 훔치겠다는 욕심을 없애게 된다. 백성들에게 목적을 위해서는 수단을 가리지 않고, 무엇이든지 해 보겠다는 야욕을 보여 주지 않는다면, 백성들의 마음이 자연히 소란하지 않게 된다. 이렇기 때문에 철인 정치가는 정치를 할 때에, 먼저 백성들의 소유욕과 지배욕과 명예욕과 같은 모든 욕망을 없앤다."97)

노자도 생명을 보존하기 위해서 자연스럽게 우러나오는 순박한 욕망을 부정하는 건 아니다. 도가 지나친 감각적인 욕망을 사람들이 좇으면 사람들이 도리어 생명을 가꾸어 나가지 못하고 맛이 가게 된다는 점을 노자는 강력히 경고할 뿐이다. "눈은 본래 보기 위하여 자연히 생긴 것인데, 사람들은 너무 지나치게 푸르고 누르고 붉고 희고 검은 빛과 같은 빛을 좋아하다가 그만 눈이 멀게 된다. 귀는 본래 듣기 위하여 자연히 생긴 것인데, 사람들은 너무 지나치게 궁·상·각·치·우의 소리와 같은 소리를 좋아하다가 귀가 먹게 된다. 입은 본래 음식의 맛을 보기 위함인데, 사람들은 너무 지나치게 시고 짜고 맵고 달고 쓴 맛과 같은 맛을 좋아하다가 그만 입을 버리게 된다. 몸은 본래 살기 위하여 자연히 생긴 것인데, 사람들은 너무 지나치게 말을 타고 다니고, 산과 들에 가서 새 사냥과 짐승 잡이를 좋아하다

---

97) 노자, 『老子』, 金敬琢 譯, 養賢閣, 1983, 3장.

가 그만 마음을 미치게 한다. 재화는 본래 살림하기 위하여 자연히 생긴 것인데, 사람들은 너무 지나치게 얻기 어려운 재물을 탐내다가 그만 해야 할 일을 못 하게 된다. 이렇기 때문에 성인은 실속 있게 배를 채우고, 부질없이 겉모양을 좋아하는 눈을 위하지 않는다."98)

　그리하여 노자는 사람들이 자연으로 돌아가서 순박하게 살 것을 권고한다. 이것이 바로 무위자연의 삶이다. 이러한 무위자연의 삶을 살아가려면 인위적인 욕망을 버리고 만족할 줄 알아야 한다고 노자는 보았다. "禍는 足함을 모르는 것보다 더 큰 것이 없고, 허물은 얻으려고 하는 것보다 더 큼이 없다. 그러므로 足함을 아는 足함은 항상 足하다."99) "스스로 이기는 자가 강하고 만족을 아는 자가 부유하다."100) 아무리 남을 제압할 만한 힘이 세다고 하더라도 자신의 인위적 욕망을 이기지 못하면 약하고, 아무리 재물이 많다고 하더라도 사람들이 자신이 소유한 재물에 만족하지 않으면 여전히 가난하다. 이리하여 노자는 심성을 극도로 비우고 조용함을 독실하게 지키고(致虛極守靜篤) 마음을 비우고 배를 실하게 할 것(虛其心 實其腹)을 강조하였다. 따라서 사람들은 인위적인 욕망을 이겨 내고 마음을 비워 순박한 삶에 만족을 느낄 때 비로소 무위자연의 도를 체득할 수 있을 것이다.

　노자와 마찬가지로 장자도 양생의 방법으로 자연에 따라야 한다고 주장하였다. 자연에 따르는 삶이란 인위적인 욕망을 버리고 자연으로부터 주어진 자기 본래의 성품에 따라 사는 삶이다. "자연적인 것은 안에 있고 인위적인 것은 밖에 있다. …… 그렇다면 무엇을 자연적인

---

98) 앞의 책, 12장.
99) 앞의 책, 46장.
100) 앞의 책, 33장. 번역을 조금 고침.

것이라 하고 무엇을 인위적인 것이라 하는가? …… 소와 말은 네 다리를 갖고 있다. 이것이 자연적이며 말 머리에 멍에를 얹고 소의 코에 고삐를 꿰는 것은 인위적이다."(『장자』「秋水」) "그러므로 오리 다리가 비록 짧지만 이어 주면 걱정거리가 되고 학의 다리가 비록 길지만 끊으면 슬픈 일이다. 그러므로 본성이 긴 것은 잘라서는 안 되고 본성이 짧은 것은 이어서는 안 된다."(「騈拇」) 따라서 사람은 인위적인 욕망을 버리고 자연스럽고 소박한 본성으로 돌아갈 때 무위자연의 삶을 살아갈 수 있는 법이다.

노자는 사람이 무위자연의 도에 도달하는 방법을 구체적으로 제시하지는 않았다. 하지만 사람이 무위자연의 도에 도달하는 방법으로 장자는 心齋와 坐忘을 들었다. 심재란 마음을 비워 감각 작용과 지각 작용을 끊어 버린 경지를 의미한다. 안회가 중니에게 심재가 무엇인지 묻자 중니는 다음과 같이 말했다. "너는 뜻을 한결같이 해야 한다. 사물의 소리를 귀로 듣지 말고 마음으로 들으며 또 마음으로 듣지 말고 氣로 들어야 한다. 귀는 感覺的인 소리를 듣는 데에 그치고 마음은 知覺에서 멈추지만 氣는 마음을 비워서 사물을 기다리는 것이다. 道는 오직 마음을 비우는 곳에 응집한다. 마음을 비우는 것이 마음을 재계하는 것이다."101) 좌망이란 욕망을 잊어서 好惡와 집착을 넘어선 경지를 의미한다. 좌망도 안회와 중니의 문답에 등장한다. 안회는 仁義와 禮樂을 잊어버렸다고 중니에게 말하자 중니는 좋긴 하지만 아직 수양이 멀었다고 대답한다. 유교에서 존숭하는 인의와 예악도 인위적인 욕망의 산물에 불과하기 때문이다. 그러자 다른 날 안회는 좌망의

---

101) 장자, 『莊子』, 安炳周·田好根 共譯, 傳統文化研究會, 2007, p.161.

경지에 도달했다고 중니에게 말한다.

> 중니가 깜짝 놀라 얼굴빛을 고치면서 말했다.
> "무엇을 좌망이라 하는가?"
> 안회가 말했다. "四肢百體를 다 버리고, 耳目의 감각작용을 물리치
> 고 육체를 떠나고 지각작용을 없애서 대통의 세계와 같아졌을 때,
> 이것을 坐忘이라 합니다."
> 중니가 말했다.
> "大道의 세계와 같아지면 좋아하고 싫어하는 것이 없게 되며, 큰
> 도의 변화와 함께하면 집착이 없게 되니, 너는 과연 현명하구나.
> 나는 청컨대 너의 뒤를 따르고자 한다."[102]

그리하여 장자는 사물의 자연스러운 흐름에 순응하여 사사로움을
허용하지 마라(順物自然而不容私焉)고 하여 마음을 비워서 인위적 욕망
을 버리고 사물의 자연스러운 흐름에 맡겨 살라고 요청하였다. 따라
서 노자와 장자에게는 욕망이란 대체로 인위적으로 만들어진 것에
불과하기 때문에 사람은 마음을 비우고 소박한 본성에 따라 살아가
면 욕망도 자연스럽게 사라진다고 그들은 생각했다.

사람이 마음을 비워서 소박한 본성으로 돌아가 무위자연의 삶을
살라는 노자와 장자의 가르침은 유교의 금욕주의와는 확실히 구분된
다고 할 수 있을 것이다. 유교철학에서는 군자는 이성에 의해서 욕망의
흐름을 세밀하게 점검하고 의지로 욕망을 제압해야만 한다. 사람의 마
음이 항상 욕망의 준동을 경계해야 하므로 이것은 사람의 마음을 쥐어
짜는 데에 불과하다. 이에 반해 장자의 심재와 좌망은 인간의 영적인 능
력으로 인위적 욕망을 극복해 나가는 방법이라고 할 수 있을 것이다. 이

---

102) 앞의 책, p.309 이하.

런 점에서 도교철학은 금욕주의라는 딱지를 붙이기 어렵다.

노장 이후의 도교의 발전은 얼핏 보아 노장의 사상과 반대로 전개되는 것처럼 보인다. 노장 이후의 도교의 발전은 불로장생과 방중술의 추구로 이어지기 때문이다. 하지만 불로장생과 방중술의 추구가 반드시 자연을 거스르는 것이라고는 할 수 없다. 불로장생과 방중술의 추구의 저변에는 노장의 무위자연 사상이 깔려 있다. 자연을 거슬러서 욕망을 추구할 때는 요절하거나 건강을 해치며 성적 쾌락도 자연의 법도에 맞추어 추구할 것을 도교는 강조하기 때문이다.

(4) 서양의 전통적 욕망담론에 비추어 본 동양의 욕망담론

동양의 욕망담론은 서양의 전통적 욕망담론이 드러내는 로고스중심주의와는 별로 상관이 없다. 유교철학이나 도교철학에서도 한결같이 덕을 쌓아 도를 닦는 길을 택했다. 불교철학에서도 수행의 바른 길이나 참선을 통해서 도를 닦는 길을 택했다. 동양철학에서는 애당초 logos, 즉 이성의 개념이 없었다. 理로써 욕망을 절제한다(理以節慾)는 사상이 공자 이래로 줄곧 유교의 욕망담론에 깔려 있지만[103] 理가 서양철학의 로고스에 상응할 수 없을 것이다. 유교철학의 理는 인간이 하늘로부터 받아 천지와 통하는 영적인 능력을 포함하는 포괄적 지성이기 때문이다. 따라서 서양의 욕망담론과는 달리 이성과 욕망의 대립구도가 동양의 욕망담론에는 두드러지지 않는다.

그럼에도 불구하고 동양의 욕망담론에서도 전통적으로 욕망이 죄

---

103) 서종호, 『유학의 욕망론과 인간해석』, 한국학술정보, 2008, p.171.

악시되었고 위험시되었다. 공자도 "자기가 하고 싶지 않은 일을 남에게 베풀지 마라"(논어, 안연)고도 하였고 "군자는 식사에서 배부름을 추구하지 않고 거처에서는 편안함을 추구하지 않는다"(논어, 학이)고도 하였다. 공자는 이렇게 사사로운 욕망을 경계하였다. 하지만 욕망과의 치열한 싸움은 『논어』에 나타나지 않는다. 맹자나 순자의 욕망담론에서도 마찬가지다. 하지만 "인욕을 물리치고 천리를 보존하라"고 다짐하는 성리학에 이르러서는 사정이 달라져 욕망과의 치열한 싸움이 등장한다. 도교의 욕망담론에서는 노자가 오음과 오색과 오미에서 우러나오는 욕망의 위험성을 경고하였다. 불교의 욕망담론에서도 욕망의 위험성이 강조되었다.

동양의 욕망담론에서 이렇게 욕망의 위험성이 강조되긴 했지만 욕망의 굴레를 벗어나는 길은 결코 이성의 채찍에 의존하지 않았다. 공자는 安分知足(편안한 마음으로 제 분수를 지키며 만족할 줄을 앎)[104]과 극기복례를 통해서 욕망의 굴레를 벗어나기를 훈계하였다. 맹자는 사단의 확충을 통하여 욕망을 줄이려고 하였고 순자는 예를 통하여 욕망을 기르려고 하였다. 성리학에서도 마음의 수양을 통해서 욕망을 절제하려고 하였다. 노자와 장자는 무위자연의 소박한 본성으로 돌아감으로써 욕망의 굴레로부터 벗어나려고 하였다. 장자의 경우에는 심재와 좌망의 수행방법이 제시되었다. 석가는 거듭해서 욕망의 위험성을 강조하고 욕심을 버릴 것을 강조하였다. 하지만 석가는 수행의 방법인 참선을 구체적으로 제시하였을 뿐만 아니라 여덟 가지 바른 길,

---

104) '날 알아 주는 이가 있다면 어떻게 하겠는가'라는 공자의 물음에 증석은 "늦은 봄에 봄옷을 지어 입고, 성인 대여섯 명과 아이들 육칠 명과 어울리어, 기수에서 목욕하고, 무우에서 바람을 쐬고, 읊조리며 돌아오는 것입니다"(『논어』, 「선진」)라고 대답하였다. 그러자 공자는 이 말에 방점을 찍었다. 제 분수를 알고 스스로 만족하여 유유자적하게 살아가는 삶을 공자가 높게 평가한 셈이다.

中道를 닦음으로써 욕망의 굴레를 벗어나라고 훈계하였다. 이런 점에서 동양의 욕망담론이 금욕주의이긴 하지만 서양의 욕망담론이 지향하는 로고스중심주의적인 금욕주의와는 다르다.

서양의 전통적 욕망담론에서는 욕망이 결핍으로 파악되었다. 플라톤의 철학에서 보다시피, 결핍으로 해석되는 욕망은 에로스의 신화에 의해서 형이상학적으로 확립되었다. 동양의 욕망담론에서는 그런 경향이 분명하게 드러나지 않는다. 동양의 욕망담론에서는 식욕과 성욕을 비롯한 다양한 욕망이 보통 제시될 뿐이다. 하지만 순자는 욕망을 분명하게 결핍으로 파악했다. "모든 사람들은 다 같이 배고프면 먹기를 바라고, 추우면 따뜻하기를 바라고, 피곤하면 쉬기를 바라고"(『순자』, 「영욕」) "얇으면 두터워지기를 바라고 보기 흉하면 아름다워지기를 바라며 좁으면 넓어지기를 바라고 가난하면 부유해지기를 바라며 천하면 귀해지기를 바라는데, 진실로 자기에게 없는 것을 반드시 밖에서 구하려 한다."(『순자』, 「성악」) 사람은 항상 자신에게 아쉬운 것을 욕망하기 마련이라고 순자는 여겼다. 순자의 통찰은 욕망의 정곡을 찌른 생각이다.

동양의 욕망담론은 서양의 욕망담론과 달리 로고스중심주의가 아니다. 동양의 욕망담론에서는 내적 깨달음과 인간의 영적인 능력이 강조되었다. 이것은 불교, 도교, 유교의 욕망담론에 공통된다. 그리하여 동양의 욕망담론에서는 욕망의 굴레를 벗어나는 여러 가지 수행방법이 제시되었던 것이다. 그렇지만 동양의 욕망담론은 서양의 전통적 욕망담론과 마찬가지로 금욕주의라고 할 수 있을 것이다. 그리고 동양의 욕망담론도 분명하지 않지만 서양의 전통적 욕망담론처럼 욕망을 결핍으로 파악했다고 할 수 있다.

제2부

자본주의와 욕망

1) 오늘날 자본주의에서 왜 욕망이 문제가 되는가[105]

　자본주의 사회 이전에도 모방과 유행이 있었다. 예를 들자면 구전 설화나 구전민요 등이 그렇다. 그리고 자본주의 사회 이전에도 욕망은 문젯거리였다. 나라를 다스리는 입장에서는 인민의 욕망을 잘 관리하는 게 필요했고 이에 따라 욕망의 관리는 철학자들의 관심거리 중의 하나였다. 하지만 욕망은 사회질서의 유지나 인격수양이나 영혼의 구제와 관련하여 문제시되었을 뿐이다. 자본주의 사회 이전에는 욕망은 이성에 의해서나, 마음에 의해서 또는 사회적인 여러 가지 제도에 의해서 다스려졌다. 특히 욕망은 이성과 각을 세우는 것으로 인식되었다. 그래서 여러 가지 사회적 제도를 통하여 욕망을 통제하고 이성이나 마음에 의하여 욕망을 지배하고 정복하는 데에 정치가나

---
105) 이 부분의 내용은 경제학자인 佐伯啓思의 저서, 즉 佐伯啓思, 『欲望と資本主義』, 講談社, 1993에 영향을 받았다.

철학자의 관심이 쏟아졌다.

하지만 자본주의 사회의 도래와 함께 욕망을 묶었던 족쇄가 급격하게 풀리기 시작했고 이에 따라 이전에 금과옥조와 같았던 금욕주의의 아성도 서서히 무너지기 시작하였다. 헤겔이 일찍이 말했듯이 자본주의 사회는 욕구의 체계이고 욕망이 사회를 움직이는 힘이기 때문이다. 그래서 자본주의 사회의 도래는 이성과 욕망의 관계를 역전시켰을 뿐만 아니라 이전의 사회와는 전혀 다른 관심을 욕망에 집중시켰다. 좀 더 자세히 말하자면 자본주의 사회에서 욕망이 이전의 사회와는 전혀 다른 차원을 띠게 된 요인을 세 가지로 나눌 수 있을 것이다. 첫째로, 자본주의 사회에서 경제의 중심이 생산의 영역에서 소비의 영역으로 넘어갔기 때문이다. 둘째로, 기술과 대중매체의 발달이 욕망의 한계를 분쇄했다. 셋째로, 화폐가 금은에 기반을 두지 않은 채 보편적으로 유통될 수 있었다.

자본주의 사회는 생산수단의 사유에 기반을 두는 사회이다. 그리하여 자본가가 생산수단을 독점하고 노동자들의 노동력을 구매하여 상품을 생산하고 판매한다. 이때 자본가의 목적은 이윤추구와 이윤극대화이다. 19세기와 20세기 초엽까지도 자본주의 경제는 생산과 노동에 초점이 두어졌다. 공급이 수요를 창출한다는 세이의 법칙은 이 시기에 통용되었다. 이 시기는 자본주의가 영토를 확장하여 무한하게 팽창해 가던 시기였다. 과잉생산의 문제는 해외 식민지의 침략과 개척으로 자본주의가 해결해 나갈 수 있었다. 그렇지만 이 시기는 아직까지 대량생산과 대량소비의 여건은 정비되지 않았던 시기이다. 노동자는 소비자로서 간주되기보다는 생산자로서 취급되었고 아직까지 대중이 전면에 등장하던 시기가 아니었다. 이 시기에는 노동자계급과 자본가계급이 생산과정에서 만들어지는 잉여가치의 배분을 둘러싸고 격렬한 대립과 갈등을 빚었다. 이 시기의 자본주의 사회에서는 노동자계급은 소비하는 대중으로 아직 등장하지 않았다. 따라서 이 시기의 자본주의 사회에서는 대중의 욕망이 불거질 수 없었다.

하지만 20세기 중반에 들어서면서 다민족 다인종의 이민국가인 미국에서 생산과정의 작업 표준화와 단순화가 이루어져 대량생산이 가능해졌고 이에 따라 대기업에서 일하는 중간계층의 대중이 등장하였다. 이럼으로써 대량생산과 대량소비의 방식이 확립되어 대중이 소비자가 되는 대중사회가 성립하였다.

자본주의 사회가 대중소비사회에 접어들면서 돈벌이와 이윤추구는 생산과 노동의 영역에 집중되기보다는 판매와 소비의 영역에 집중되게 되었다. 상품의 가치는 생산과 노동의 영역에서 발생하지만 상품이 판매되어 소비되지 않는다면 상품의 가치는 실현될 수 없다. 여기서 새로운 욕망의 영토가 생기는 셈이다. 이제 욕망의 영토는 식민지의 개척을 통해서 획득되는 게 아니라 대중의 욕망을 읽고 더 나아가서 대중의 욕망을 환기하고 조작함으로써 확보된다. 대중의 욕망을 교묘하게 환기하고 조작하기 위해서는 마케팅이나 광고가 필요하다. 오늘날 마케팅이나 광고의 기술이 예술을 능가할 정도로 현란하고 눈부시게 발달한 것은 결코 우연이 아니다.

여기서 자본주의 사회에서는 모든 것이 상품이 되어 버린다는 헤겔의 말을 상기할 필요가 있다. 헤겔이 살았던 19세기 초엽에 이미 이러한 현상이 관찰되었다면 대중소비사회에서는 말할 나위도 없이 그럴 것이다. 인격도 재능도 사랑도 상품이 되고 인간의 영혼까지도 상품이 되는 세상이 된 셈이다. 모든 것이 상품이 된다면 모든 것이 욕망의 대상이 된다. 모든 것이 욕망의 대상이 된다면 대중소비사회의 욕망이란 단순히 대중의 욕망이라기보다는 인간의 욕망을 뜻한다. 따라서 상품의 판매를 통해서 이윤을 추구하고 이윤을 극대화하려는 사람들에게도, 상품의 소비를 통해서 욕망을 충족시키려는 대중에게도, 더 나아가서 자본주의 사회를 살아가는 모든 사람에게도 욕망은 문젯거리가 될 수밖에 없다.

오늘날 자본주의 사회에서 욕망을 문젯거리로 만드는 또 다른 요인은 기술과 대중매체의 발달이다. 자본주의 사회에서 기술과 대중매체의 발달은 이전의 사회와 비교할 수 없을 정도로 급속하게 이루어지고 그 파급효과도 엄청나다. 기술과 대중매체가 우리의 마음이나 욕망에 주는 충격이 우리가 감당할 수 없을 정도로 커졌다. 기술을 자본축적과 이윤추구와 관련하여 이해하는 시각이 있다. 물론 기술은 분명히 자본축적과 이윤추구를 위해서 이용된다. 하지만 기술은 자본축적과 이윤추구를 넘어 생활여건을 변화시키고 욕망의 구조에 충격을 준다. 특히 오늘날의 정보통신기술은 과거와는 차원이 전혀 다른 욕망을 만들어 내었다.

기술이 인간의 마음이나 욕망에 주는 충격은 이천오백 년 전에 이미 장주에 의해서 간파되었다. 『남화경』의 「天地」 편에 자공과 어떤 노인의 대화가 나온다. 자공이 진나라로 돌아가던 중에 어떤 노인이 우물에 들어가 항아리에 물을 퍼서 밭에 물을 주는 광경을 목도하였다. 그 노인이 무척 힘들어하는 걸 안타깝게 여긴 자공은 두레박이라는 기계를 사용하면 편리하고 효율적으로 밭에 물을 줄 수 있다고 노인에게 권하였다. 그러자 노인은 얼굴을 붉히다가 웃으며 다음과 같이 말하였다. "내 스승에게 들었소만, 기계를 사용하면 기계에 따르는 일이 반드시 생기고 기계에 따르는 일이 생기면 기계에 사로잡힌 마음이 반드시 생기오. 기계에 사로잡힌 마음이 가슴속에 있으면 순박하고 결백한 성품이 없어지게 되오. 순박하고 결백한 성품이 없어지면 정신의 작용이 안정되지 않아요. 정신의 작용이 안정되지 않는 자들에겐 도가 깃들지 않소이다." 여기서 두레박이란 물을 긷는 기술을 가리키기도 하고 물을 어떤 장소에서 다른 장소로 옮기는 매체(media)이기도 하다. 노인의 대답은 두레박을 사용함으로써 정신이 안정되지 못하고 흔들려서 자연의 순박한 성품이 깨진다는 것이다. 이것은 기술이 인간의 사고방식이나 생활감각에도 영향을 줄 뿐만 아니라 욕망의 구조에도 충격을 준다는 것을 의미한다. 그렇다면 이천오백 년 전에 욕망의 문제가 기술과 관련하여 제시된 셈이다.

자본주의 사회에서 기술은 노동 생산성을 향상시켜서 자본의 축적을 조장한다고만 생각하기 쉽다. 기술은 그 이상의 의미를 갖는다. 우리가 날고 싶은 욕망이 비행기를 만들었고 먼 거리를 빨리 가고 싶은 욕망이 자동차를 만들었고 언제 어디서든 통화하고 싶은 욕망이 휴대전화를 만들었다고 할 수 있다. 하지만 비행기로 우리가 여행을 할 수 있고 자동차로 빠르게 이동할 수 있고 휴대전화로 언제 어디서든 통화할 수 있음으로써 우리의 욕망구조가 비행기나 자동차나 휴대전화가 없었던 시대의 사람들의 욕망구조와 상당히 달라진다. 더군다나 오늘날 정보자본주의 사회에서 전개되는 정보통신기술은 욕망을 환상의 차원에까지 끌어올려서 욕망의 한계를 때려 부수고 있다. 정보통신기술이 만들어 낸 웹과 인터넷은 그 자체가 욕망의 새로운 표현이며 동시에 웹과 인터넷에서 구현된 가상현실이 욕망의 새로운 영토가 되었다. 욕망의 새로운 영토는 웹의 정보검색, 채팅 사이트, 포르노, 다중접속역할수행게임, 소셜 네트워킹 등이다. 이 새로운 욕망의 영토에서 인간의 은밀한 욕망이 적나라하고 환상적으로 표출된다. 이런 점에서 도대체 욕망의 정체가 무엇인지, 욕망이 어디로 흘러갈 것인지 하는 의문이 생겨나는 것이다.

자본주의 사회에서 욕망을 문젯거리로 만드는 세 번째 요인은 화폐의 보편적인 유통이다. 우리는 지금 모든 것이 상품이 되는 사회에 살고 있다. 상품은 화폐로 교환될 수 있기에 화폐로 뭐든지 살 수 있는 사회에 우리는 살고 있다. 심지어는 우리는 권력도 명예도 사랑도 화폐로 살 수 있다. 사람의 목숨이나 사랑, 인격의 가치조차도 화폐로 환산되고 평가된다. 그래서 화폐는 일반적인 등가물이자 욕망의 화신이기도 하다. 화폐를 통해서 우리는 욕망을 언제든지 뭐든지 충족시킬 수 있기 때문이다.

화폐는 신석기시대의 조개껍질부터 주화를 거쳐서 오늘날의 전자화폐에 이르기까지 인류가 오랫동안 사용해 왔던 매체이다. 하지만 오늘날의 화폐와 같은 종이쪼가리가 사용된 지는 오래되지 않는다. 19세기까지는 주로 금은동화가 사용되었고 17 · 18세기까지도 이러한 주화들이 보편적으로 사용된 건 아니다. 20세기에 들어와서 금본위제가 폐지되고 관리통화제가 실시되어 정부의 중앙은행이 화폐를 발행함으로써 화폐는 보편적으로 유통되기 시작하였다.

브로델은 화폐를 언어와 같이 상징적인 것으로 간주하였다. 이러한 성격의 화폐는 각국의 중앙은행이 국가권력의 신용을 담보로 삼아 화폐를 발행함으로써 가능하게 된 것이다. 그 이전에는 금은이 화폐의 소재적 가치가 되든지 화폐의 담보가 되었기 때문에 언어와 같은 상징적인 것일 수 없다. 오늘날에는 화폐는 국가권력의 뒷받침으로 강제로 유통된다. 그래서 화폐는 소재적 가치도 없고 화폐의 물질적 담보도 없이 언어와 같이 상징적인 매체가 되어 버렸다.

자본주의의 도래는 화폐경제의 발달을 전제하기 때문에 일찍부터 화폐를 향한 탐욕이 물론 있었다. 가령 셰익스피어의 희곡에서도 금에 대한 상인의 탐욕이 묘사되어 있고 심지어 김삿갓의 시에도 돈타령이 나온다. 중국에서 전래되는 민담에는 千金은 귀신의 마음도 살 수 있다는 이야기도 있다. 하지만 화폐가 국가권력의 신용을 담보로 자기 언급적 체계를 이룬 것은 20세기에 이르러서였다. 화폐를 중앙은행이 발행할 수 있음으로써 화폐의 유통이 신속하게 이루어지고 화폐가 부족한 곳에 화폐를 공급할 수 있게 되었다. 그뿐만 아니라 화폐를 빌려 주고 화폐를 채권과 주식과 교환하는 금융시장이나 화폐와 화폐를 교환하는 외환시장이 성행하게 되었다. 그런데 이러한 금융시장이나 외환시장에서는 화폐가 금은에 의한 물질적 담보가 없이 유통을 통하여 가치를 산출하기 때문에 언제든지 거품이 생겨날 여지가 있기 마련이다. 이럴 경우 화폐는 물건의 가치를 대리하지 않기 때문에 화폐유통에 의하여 실물경제의 가치를 훨씬 능가하는 가치가 만들어지게 된다. 이게 거품이다. 이 거품이 터지면 공황이 발생할 터이다.

그러면 거품은 왜 생기는가? 자본주의사회에서 화폐의 자기 언급적 체계가 어느 정도 실물경제를 떠나서도 돌아갈 수 있고 이윤추구가 금융부분에서 용이하게 이루어진다면 금융시장이 실물경제를 떠나서 과열될 가능성은 언제나 있기 마련이다. 속되게 말하자면 누구나 돈벌이를 하기 위해서 돈 놓고 돈 먹을 수 있는 곳으로 달려가게 마련이다. 이러한 자본주의 여건 아래에서 욕망이 소용돌이친다면 이 소용돌이가 거품을 만들어낸다. 누구든지 욕망의 소용돌이에 빠지면 쉽게 벗어날 수가 없다.

우리는 자본주의 사회에서 광고에 둘러싸여 살다 보니까 욕망에 무척 익숙해졌다. 달리 말하면 우리는 자본주의에 의해 욕망이 길들여져서 살고 있는 셈이다. 그래서 우리는 욕망의 정체를 알려고 하기보다는 욕망의 충족에 목을 매달아 놓고 살아간다. 하지만 우리는 욕망에 대해 물어야 한다. 우리가 품고 있는 욕망은 당연한 것일까? 욕망은 우리 자신으로부터 나오는 것일까? 우리가 우리의 욕망을 선택한 것일까? 왜 우리는 돈의 유혹에 약한 것일까? 욕망은 정말로 끝이 없는가? 욕망은 죄악의 근원인가? 아니면 욕망은 삶의 동력인가? 자본주의 사회를 움직이는 힘이 돈, 권력, 명예 등을 좇는 욕망이라면, 욕망이 자본주의 사회를 변혁할 수 있는 힘이라면 우리는 오늘날의 욕망을 형이상학의 차원에서 살펴보아야 할 것이다.

2) 오늘날 자본주의 사회에 나타나는 욕망의 양상

(1) 욕망은 실체가 없다

많은 철학자들과 사상가들 그리고 과학자들이 욕망의 실체를 밝히려고 노력했지만 욕망은 여전히 어둠에 싸여 있다. 오늘날 뇌과학의 발달로 욕망과 충동이 뇌의 변연계와 시상하부로부터 나온다는 것이 밝혀졌다. 하지만 욕망과 충동의 실체가 무엇이며 욕망과 충동이 어떻게 작동되는지에 관해서는 아직 명확하게 밝혀지지 않았다. 프로이트의 정신분석학에 따르면 리비도라는 에너지로부터 욕망과 충동이 나온다. 하지만 리비도는 무의식의 영역에 속하기 때문에 꿈이나 신경증을 통해서 우리가 알 수 있을 뿐이다. 그래서 리비도는 충분히 의식되는 게 아니라 리비도는 뜻하지 않게 불쑥 우리의 의식에 나타나는 기괴한 것이고 가늠하기 어려운 에너지이다. 리비도가 과학적으로 해명될 수 없는 이유는 리비도가 애당초 과학의 차원에 있는 개념이라기보다는 형이상학의 차원에서 가정된 개념이기 때문일 것이다. 프로이트의 정신분석학은 오늘날 과학이라기보다는 문학이나 형이상학에 가까운 것으로 여겨지기도 한다.

욕망은 형이하학의 세계에 속한다. 하지만 우리가 욕망을 제대로 이해하기 위해서는 욕망을 형이상학의 차원에 놓아야 한다. 욕망은 인간의 온 실존을 떠받치는 개념일 뿐만 아니라 사회와 역사를 움직이는 보이지 않는 힘이기 때문이다.

욕망은 그 실체를 알기 어렵지만 블랙홀에 비유될 수 있을 것이다. 블랙홀은 모든 것을 빨아들여 삼켜 버리고 그 어두운 심연은 우리가 알 수 없다. 욕망은 블랙홀과 같이 모든 것을 삼켜 버린다. 블랙홀과 마찬가지로 욕망은 모든 것을 삼켜 버리지만 우리는 그 심연을 알 수가 없다. 그래서 욕망은 무, 공허에 가깝다. 그리고 욕망은 맹목적이다. 욕망은 무엇이든 삼킨다. 따라서 욕망의 일정한 대상은 없다. 게다가 욕망은 일정한 꼴도 없다. 그뿐만 아니라 욕망은 일정한 방향도 크기도 없다.

식욕이나 성욕과 같은 욕망은 일정한 대상이 있고 일정한 방향도 있는 듯이 보인다. 하지만 식욕이나 성욕의 대상과 방향도 시대와 상황에 따라 달라지고 문화의 차이에 따라 다양하다. 게다가 욕망은 식욕이나 성욕에 한정되지 않는다. 비록 식욕이나 성욕이 욕망의 기반을 이루긴 하지만 욕망의 전반을 아우를 수 없다. 그렇기 때문에 욕망 자체는 블랙홀과 같이 맹목적이고 어둠의 심연에 빠져 있는 셈이다. 욕망은 어디로든지 튈 수 있고 어떤 것도 그 대상이 될 수 있고 그 크기도 가늠할 수 없으며 그 꼴은 언제나 다르게 나타난다. 오늘날 자본주의 사회에서 이러한 욕망의 특성이 잘 드러난다. 욕망은 특정한 모습을 띠지 않고 도시를 어슬렁거리며 유무선 통신을 통하여 흘러 다니고 전염된다.

욕망은 무, 공허에 가깝기 때문에 욕망은 결코 채워질 수 없다. 그리하여 욕망은 끝이 없는 갈증을 유발한다. 욕망의 검은 구멍은 아무리 채워도 채워지지 않는다. 욕망은 일시적으로 충족되어도 공허감은 남는다. 욕망이 커질수록 공허감은 더해 갈 뿐이다. 욕망이 실체가 없기 때문에 그럴 것이다.

(2) 욕망은 사회적 관계에서 형성된다

들뢰즈는 욕망을 욕구와 구분했다. 욕구는 사회적으로 생산되고 자본의 증식과 이윤 추구를 위해서 조작될 수 있다. 그 반면에 욕망은 사회적으로 생산되는 게 아니라 리비도와 같이 흘러 다니는 순수한 에너지다. 그래서 그는 욕망과 사회적인 것만이 있다고까지 극언하였다. 하지만 욕망은 결코 순수하지도 않고 순수할 수도 없다. 욕망은 그 기원에서부터 타자에 의해 오염되고 기술의 충격을 받는다. 실험실에서 만든 증류수같이 오염되지 않은 욕망이나 때 묻지 않은 순수한 욕망이란 결코 존재할 수 없다. 욕망에 방점을 찍어 욕망의 순수성을 강조하려는 것은 이성에 방점을 찍어 이성의 순수성을 강조하려는 것만큼이나 바람직하지 않다. 욕망은 이성이라는 타자와, 이성은 욕망이라는 타자와 항상 관계하고 연결되어 있기 때문이다.

헤겔은 인간의 욕망이 타자에 매개되어 있음을 처음으로 철저하게 인식하였다. 헤겔철학에서는 자기는 타자를 매개해서 성립한다. 이때 물론 자기는 타자를 지양하지만 자기는 타자를 떠나서는 성립할 수 없다. 인간의 욕망도 마찬가지이다. 헤겔은 『정신현상학』에서 욕망을 인간 정신의 발전의 한 계기로 설정했고 타자를 욕망 충족의 대상으로 삼았다. 타자가 사물이든지 생명이든지 타인의 인정이든지 간에 인간의 욕망은 타자를 겨냥한다. 인간이란 본질적으로 타자를 통해서 자기를 세우고 존립할 수 있는 존재이기 때문이다. 욕망을 주제로 삼는 주인과 노예의 변증법에서 인간의 욕망은 충족되지 않고 상호 인정은 실패로 돌아간다. 헤겔은 절대정신에서 욕망의 충족, 즉 상호 인정에 도달한다고 보았다. 헤겔의 이러한 생각은 욕망이란 본질적으로 사회적 관계임을 말해 준다.

헤겔의 주인과 노예의 변증법에 영향을 받은 라캉은 욕망은 타자로부터 나온다고 보았다. 인간은 무성생식을 통해서 탄생한 것도 아니고 더군다나 하늘에서 떨어진 존재도 아니다. 인간은 태아시절에 어머니의 뱃속에서 어머니와 탯줄로 연결되어 있다. 태아는 어머니와 하나가 되어 푸근하고 안락한 열락의 상태를 만끽한다. 태아가 어머니의 몸을 벗어나서 탯줄을 끊고 독립된 개체가 되더라도 아기의 욕망은 어머니와 연결된다. 아기는 어머니와 합일된 상태를 그리워하며 원초적 열락의 세계로 돌아가고 싶어 한다. 하지만 이것은 불가능하다. 그렇기 때문에 아기는 어머니의 욕망을 욕망함으로써 어머니와 하나가 되어 원초적 열락의 세계로 돌아가려고 한다. 라캉의 이러한 생각은 인간은 타자의 욕망을 욕망하기 때문에 인간의 욕망은 형이상학적으로 타자에 얽매일 수밖에 없음을 보여 준다.

지라르도 라캉과 마찬가지로 욕망이 타자에 매개되어 있다고 보았다. 그가 내세운 욕망의 삼각형(주체-대상-모델)은 욕망이 타자로부터 나온다는 것을 분명하게 보여 준다. 주체는 대상의 효용성을 직접적으로 욕망하기보다는 자신이 부러워하고 존경하는 모델을 본받으려고 하고 모델이 욕망하는 것을 욕망한다. 그렇게 되면 주체와 모델은 동일한 대상을 욕망하기 때문에 경쟁적으로 서로 모방하게 된다. 이러한 경쟁적 모방이 욕망을 격화시킨다. 지라르의 이러한 생각은 욕망이 사회적 관계임을 잘 보여 준다.

인간의 욕망이 자연 발생적으로 생기는 것도 아니고 주체적으로 형성되는 것도 아닐 것이다. 지라르가 지적하듯이, 그건 우리의 착각이자 환상일지 모른다. 만일 인간이 숲 속에 버려져 야생동물과 함께 크고 성장한다면 그 인간은 결코 인간의 욕망을 지닐 수 없을 것이다. 인간의 욕망은 타자와 매개되어 있고 사회적 관계를 떠나서 그것은 형성될 수는 없다. 佐伯啓思도 이런 점을 강조했다. "욕망은 아무래도 이러한 구조를 갖고 있는 건 아닐까. 그것은 한 사람 한 사람의 내면에 자연스럽게 형성되기보다 사람들의 상호 의존 안으로부터 나온다는 쪽이 좋지 않을까. 따라서 욕망은 대개의 경우, 사회적 성격을 갖고 있고 타인과의 관계 안에서 나오는 것이다."[106]

물론 욕망은 사회적 관계에서 생긴다. 그러면서도 욕망은 식욕이

---

106) 佐伯啓思, 『欲望と 資本主義』, 講談社, 1993, p.88.

나 성욕과 같은 생리적 욕구에 기반을 둔다. 그렇기 때문에 욕망은 사회적 관계에서 일정한 꼴을 이룬다는 말이 더 정확한 말이 아닐까. 욕망은 애당초 일정한 꼴이 없다. 하지만 욕망이 타자와 매개되어 사회적 관계에 들어서면서 비로소 욕망은 일정한 꼴을 얻는 셈이다. 예를 들어 부자가 되고 싶은 욕망, 권력을 잡고 싶은 욕망, 사회적 지위를 차지하기 위한 욕망, 복수하고 싶은 욕망, 명예를 얻고 싶은 욕망, 성형수술을 해서 미인이 되고 싶은 욕망 등.

(3) 욕망은 무한히 증식하고 확대된다

우리는 왜 만족을 못 할까? 욕망은 과연 끝이 없을까? 이미 이천오백 년 전에 맹자도 만족도 모르고 달리는 욕망의 맹목적 속성을 간파하였다. 그런데 유독 오늘날에는 이런 경향이 보편화되고 심화되어 버렸다. 만족할 줄 모르고 항상 허기진 채 살아가는 인간의 모습이 오늘날 우리의 자화상이다.

앞의 물음은 욕망의 속성을 잘 지적하고 있다. 욕망은 무에 가깝다. 우주의 블랙홀처럼 모든 것을 삼키지만 도무지 채워지지 않는다. 그렇기 때문에 우리는 만족할 수 없고 욕망은 끝이 없이 달려 나갈 뿐이다. 욕망은 맹목적이기 때문에 앞으로 달리기만 할 뿐 뒤로 물러서거나 주춤거리지 않는다. 욕망은 소용돌이치면서 전염되고 그럼으로써 욕망은 더욱 격화되고 커진다. 이렇게 될 때 욕망은 거품처럼 부글부글 끓어오른다. 다시 말해 온 사회가 욕망으로 미쳐 날뛰기 시작하는 것이다.

오늘날 우리는 자본주의 사회에서 거품현상을 자주 목격하기도 하고 거품현상에 휩쓸리기도 한다. 자본주의 사회에서 상품이 될 수 있는 것은 모두 다 거품이 낄 수 있다. 가령 주식이나 부동산 같은 자산의 가치는 물론 운동선수나 가수의 몸값, 미술품의 가치, 지식이나 정보의 가치에도 거품이 낄 수 있다. 그러면 자본주의 사회에서 나타나는 거품현상이란 무엇인가? 그것은 자산이나 상품이 우리가 일반적으로 받아들일 수 있는 시장가치보다도 훨씬 더 과대평가되어서 욕망의 표적이 되는 현상이라고 말할 수 있다. 이러한 거품현상의 예로 주식거품, 부동산거품 등을 들 수 있다. 1930년대의 공황이 일어나기 직전에 일어났던 거품현상은 주식거품의 대표적 예이고 2008년의 금융위기가 일어나기 직전에 일어났던 거품현상은 부동산거품의 대표적 예이다.

그런데 주식거품, 부동산거품 등은 소규모적으로나 대규모적으로나 종종 자본주의 사회에서 일어나는 현상이다. 더 정확히 말하자면 거품현상은 자본주의 사회가 안고 갈 수밖에 없는 현상일 것이다. "실은 거품현상이란 병리라는 예외적인 것이 결코 아니라, 그렇기는커녕 오히려, 자본주의의 본질에 관계하는 현상이다."107)

거품현상이 일어날 때에는 부동산이나 주식의 가격이 하늘 높은 줄 모르고 솟아올라 떨어질 것같이 보이지 않아 언제까지나 계속해서 오를 것 같다. 그리고 이럴 경우 부동산이나 주식에 투자하지 않고 손을 떼면 남들보다 뒤처지고 손해 볼 것 같은 느낌이 든다. 이런 착각(?)이 거품현상에서 들기 때문에 부동산시장이나 주식시장에서 사람들이 손을 떼기가 힘들다. 그래서 포우즈너는 거품을 타는 이러

---

107) 佐伯啓思, 『欲望と資本主義』, 講談社, 1993, p.199.

한 행위가 이성적이라고 강변한다. "특히 이자율이 낮을 때 거품을 타는 것은, 네가 그것이 거품이라는 것을 안다고 하더라도, 이성적일 수 있다. 왜냐하면 너는 거품이 언제 터질지 알 수 없고 거품이 터질 때까지 거품은 확대되고 있으며 거품은 가치가 급속하게 상승하고 있음을 의미하기 때문이다. 그래서 네가 거품에서 뛰어내린다면 너는 큰 수익기회를 놓칠 것이다. …… 그리고 네가 거품을 타고 있으면서 거품을 타는 걸 겁낸다 하더라도 큰 희생을 치르지 않고서는 너는 뛰어내리기 어렵다는 것을 우리는 곧 볼 것이다."[108] 그렇지만 거품과 거품에 빨려 들어가는 현상은 결코 이성적이지 않다. 욕망의 소용돌이가 거품을 만들기 때문이다. 욕망의 소용돌이가 만든 거품은 인간의 이성을 마비시킨다. 바로 이러한 욕망의 소용돌이가 거품현상을 유발하기도 하지만 거꾸로 거품현상이 욕망의 소용돌이를 유발하기도 한다. 거품현상에서 욕망은 맹목적으로 증식되고 확대되는 셈이다.

자본주의 사회에서는 자본의 운동과 화폐의 흐름에 따라서 욕망도 출렁이고 움직인다. 자본주의 사회에서 자본이란 수익성을 좇아 움직이고 욕망도 그렇다. 자본의 운동과 화폐의 흐름이 욕망의 흐름을 결정하는 셈이다. 거꾸로 욕망의 흐름이 자본의 흐름을 결정하기도 한다. 자본주의 사회에서 나타나는 욕망은 단순한 식욕이나 성욕과 같은 욕구가 아니다. 사람들은 구태의연한 것에는 무관심하고 금방 식상해 버린다. 자본주의 사회에서 나타나는 욕망은 항상 새롭고 신기한 것을 끝없이 추구한다. 그렇기 때문에 새로운 기술을 개발하여 새로운 상품을 끊임없이 창출하여야 자본은 가치를 증식할 수 있다. 그리하여

---

108) R. A. Posner, *A Failure of Capitalism*, Havard University Press, 2009, p.88f.

욕망은 자본의 운동처럼 목적도 없이 무한히 증식하고 달려 나간다.

(4) 욕망은 나르시시즘의 특징을 띤다

헤겔은 『법철학』에서 시민사회는 이기주의를 기초로 삼는 사회임을 통찰하였다. "시민사회에서는 누구나 곧 그 자신의 목적이 되는 까닭에 모든 타인은 자기에 대해서는 무와 마찬가지이다."[109] 시민사회에서 타인이란 누구에게나 자신의 이익과 욕구를 채우기 위한 수단에 불과한 셈이다. 따라서 시민사회에서는 누구나 자기중심적이고 유아론적인 성격을 지닌다고 볼 수 있다. 이러한 성격이 오늘날 욕망에서 가장 극단적으로 드러나고 있다.

자본주의란 서양의 문화와 전통 아래에서 생겨난 사회제도이고 서양의 문화 전통이 줄기차게 추구하는 자아의 확보와 탐구와 밀접한 관련을 가진다. 서양철학에서 자아의 확보와 탐구는 데카르트의 사유하는 주체, 칸트의 선험적 주체, 헤겔의 절대적 주체로 전개되어 갔다. 이들은 주체를 공들여 만들었다. 동양철학에서는 자아를 지워 버리려는 전통이 강했지만 서양철학에서는 자아를 확보하고 탐구하려는 경향이 근대에 이르기까지 강하였다. 이러한 경향이 자본주의에서는 이기주의로 나타난다. 이기주의란 단순히 자신의 이익과 관심을 추구하려는 사상은 아니다. 헤겔이 이기주의를 주관성의 원리라고 인식했듯이 이기주의란 자아를 확보하고 탐구하려는 욕망이기도 하다.

자본주의 사회의 이기주의와 더불어 욕망의 대상도 외부의 세계로

---

109) 헤겔, 『법철학』 II, 임석진 역, 지식산업사, 1990, 182절 보유.

부터 내면의 세계로, 사회로부터 개인으로 변천된다. "욕망의 대상은 20세기에 들어서서 밖의 세계로부터 사회(타인과 같은 것, 조금이라도 남에게 잘 보이는 것)에로 옮겨 가고 다시금 이 세기 말에는 개인에게로 이행했다. 자본주의는 욕망의 변경을 이제 밖의 세계에도, 사회에도 발견할 수 없게 되어 개인 그 자체가 변경이 되어 버렸다. 20세기의 욕망의 폭발은 마침내 개체 그 자체에까지 다다른 것이다."[110] 사람들은 우선 외부 세계의 진귀하고 신기한 것, 손에 넣기 어려운 것을 욕망의 대상으로 삼는다. 하지만 욕망의 이러한 대상이 고갈되면 사람들은 사회 내부로 돌아와 탐스러운 사회적 생산물을 욕망의 대상으로 삼는다.

욕망의 이러한 대상에도 사람들이 식상하면 사람들은 자아를 욕망의 대상으로 삼고 상품에서 자아를 확인하기 시작한다. 이제 마음이 욕망의 새로운 영토가 되는 셈이다. 소비사회의 등장과 함께 이러한 경향이 강해진다. 이제 상품은 더 이상 효용이나 사용가치만을 주는 게 아니라 사람들 자신의 이미지나 위세를 제공하기도 한다. 사람들은 가방, 의복, 자동차, 주택 등으로 자신을 치장하고 표현함으로써 이러한 상품들에서 자신을 발견하고 발견하려고 한다. 더 나아가서 사람들은 가방, 의복, 자동차, 주택 등에서 자기 자신만의 취향과 개성을 찾음으로써 남들과 다른 자신을 체험하고 우쭐대려고 한다. 여기에서 자아도취적인 소비가 성립되는 셈이다. "자기 자신을 위한 패션, 자기 자신을 위한 차라고 하는 문구로 사람들은 개성을 발휘한다고 하기보다는 자기 자신을 애무하고 있었던 것이다."[111] 이것이 오

---

110) 佐伯啓思, 『欲望と 資本主義』, 講談社, 1993, p.164.
111) 앞의 책, p.164.

늘날 자본주의에서 나타나는 욕망의 현주소다.

정보통신기술의 발달과 더불어 이러한 경향은 가상현실로 이어진다. 사람들은 가상현실에서 아바타를 통하여 여러 가지 인물로 변신하여 활동한다. 아바타는 인터넷상 자신의 분신으로서 현실에서 드러낼 수 없거나 드러내기 어려운 자아를 표현하기 위해서 주로 사용된다. 따라서 현실에서뿐만 아니라 가상현실에까지 자아의 확보와 탐구는 계속된다. 자아 자체가 욕망의 대상이 되는 셈이다.

하지만 자아는 허구에 불과할지 모른다. 자아는 현실에서도, 가상현실에서도 결코 확보될 수 없다. 그렇기 때문에 끊임없는 자아의 탐구만이 무한하게 지속될 뿐이다. 자아는 실재하는 게 아니라 어쩌면 서양의 문화와 전통 아래에서 자본주의의 이기주의가 산출한 신기루와 같은 허구일 것이다.

불교에서도 자아란 '五蘊(色, 受, 想, 行, 識)의 가합'이어서 실체가 없다. 유교와 도교에서도 아예 자아라는 관념은 존재하지 않았다. 유교에서는 天과 인륜의 실체에, 도교에서는 무위자연의 도에 자아가 용해되어 버렸기 때문이다. 오늘날의 뇌과학에서도 마찬가지다. "우리가 '자아'로 체험하는 것은 서구사회의 문화적 산물이다. 아시아 문화권에서는 자아 관념이 아예 존재하지 않는다. 그리스철학의 영향을 받은 '서구인'들은 객체인 세계와 주체인 자신을 분리시키는 반면, 아시아인들은 자신을 세계와 불가분의 관계로 결합된 존재이자 세계의 일부로 간주한다. 따라서 뇌학자들이 뇌 속에서 '자아중추'를 발견하지 못하는 것도 전혀 놀랄 일도 아니다."[112]

---

112) 한스-게오르크 호이젬, 『뇌, 욕망의 비밀을 풀다』, 배진아 옮김, 흐름, 2008, p.081.

(5) 명품을 소비하려는 욕망과 몸을 뜯어 고치고 치장하려는 욕망이
   강해진다

이기주의란 자본주의 생활여건이 자아내는 기본적 경향이다. 물론 이기심이란 인간의 본성에 내재해 있다. 그래서 어떤 시대와 상황에서도 이기심은 존재할 수 있다. 하지만 이기주의가 보편적 경향으로 자리를 잡을 수 있는 사회는 자본주의 사회일 뿐이다.

이기주의는 자아를 확보하고 탐구하려는 경향임은 물론 나의 관심과 이익을 추구하기 위해서 타인을 이용하려는 성향이다. 그러나 자아의 확보와 탐구는 타자를 전제하고 나의 관심과 이익은 타인의 관심과 이익과 결부되어 있다. 그렇기 때문에 이기주의는 자아에 의해서 관철될 수 있는 게 아니라 타자의 도움에 의존하고 타자에 결박되어 있다.

나르시시즘, 즉 자아도취는 이기주의로부터 나온다. 이기주의에 기반을 두는 자아도취는 자아에 몰입하여 자아를 과시하려는 경향이다. 자아도취도 이기주의와 마찬가지로 불안하고 취약하다. 자아도취에 빠져 있는 나는 독불장군일 수 없다. 자아도취는 타인의 선망이나 부러움을 먹고 자라기 때문이다. 자아도취도 타인의 관심에 의존한다.

명품을 소비하려는 욕망과 몸을 뜯어 고치고 치장하려는 욕망은 자본주의 사회에서 특히 강해진다. 왜 그럴까? 그런 욕망들이 자아도취에 기반을 두기 때문이다. 명품을 소비함으로써 나는 타인의 선망이나 부러움을 살 수 있을 뿐만 아니라 나 자신이 명품처럼 느껴진다. 이때 이런 나를 나는 충분히 즐길 수 있다. 나 자신을 명품처럼 느끼기 위한 가장 확실하고 손쉬운 방법은 나의 몸을 명품으로 만드는 것이다. 내가 어떤 분야에서 명품의 반열에 들어서는 일은 참으로 힘든 일이다. 그러나 나의 몸을 뜯어 고치고 치장하는 일은 감각적으로 확실하고 수월하다.

이러한 욕망에 부응하여 브랜드 명품의 이미지로 상품을 광고하는 마케팅 전략이 발달함은 물론 성형수술과 치장의 기술이 발달한다. 거꾸로 브랜드 명품의 이미지로 광고하는 마케팅 전략이 브랜드 명품을 소비하려는 욕망을 자극하고 부추긴다. 그리고 세련된 성형수술과 치장의 기술이 몸을 뜯어 고치고 치장하려는 욕망을 확대시킨다. 이런 식으로 이러한 욕망들은 확대 재생산된다. 바로 이러한 욕망을 자기 과시욕이라고 부를 수 있을 것이다.

(6) 공허감, 허영심, 좌절감, 박탈감, 공포감 같은 감정은 욕망으로부터 비롯된다

의외로 풍요로운 자본주의 사회에서 공허감에 젖어 살아가는 사람들이 많이 있다. 본인의 주위에도 공허감을 호소하는 사람들이 더러 있다. 그런 사람들은 가슴이 시려서 밤에 잠도 잘 이루지 못한다. 이들은 가난해서 생계를 유지하기 힘든 사람들도 아니고 백수도 아니고 외톨이도 아니다. 이들은 대부분 안정된 가정과 일터가 있을 뿐만 아니라 어느 정도 부유한 편이다. 겉으로 보기에 이들은 인생에서 성공한 것처럼 보인다. 그럼에도 불구하고 이들이 남모르게 공허감을 느끼면서 살아가는 이유가 무엇일까? 여러 가지로 생각할 수 있겠지만 그 원인은 욕망과 관련되어 있기도 하다. 이들이 욕망에 사로잡혀 있기 때문에 공허감에서 벗어날 수 없다.

가난해서 생계를 유지하기도 힘든 사람들은 생계를 유지하기 위해서 당장 뭐든지 해야 한다. 그들은 크게 욕심을 낼 형편이 아니다. 백수도 눈이 높지 않아서 어떤 일이라도 하려고 한다. 그들도 크게 욕심을 내지 않는다. 외톨이도 어차피 홀로 살아가는 사람이니 사람들에게 많은 걸 바라지도 않는다. 그들도 크게 욕심을 내지 않는다. 그들이 크게 욕심을 내지 않고 눈높이도 낮으니 어려운 형편에도 체념하고 그냥 만족하면서 살아갈 수 있다. 게다가 그들은 생계유지를 위해서 하루하루 어렵게 살아가는 사람들이다. 그러니 그들은 삶의 절실함을 온몸으로 느끼며 살아갈 수밖에 없다. 그렇기 때문에 공허감이 스며들 여지가 그들에게는 별로 없다.

그렇지만 안정된 가정과 일터가 있고 어느 정도 부유한 사람들은 그렇지 않다. 이런 사람들은 자본주의 사회의 풍요로움에 혜택을 입은 사람들이다. 그래서 거대한 자본주의 욕망기계가 만들어 내는 욕망에 민감하게 반응한다. 거대한 자본주의 욕망기계는 대중매체의 발달과 더불어 그들의 욕망을 세련화하고 다양화하고 점점 더 키운다. 그렇지만 그들의 욕망은 결코 충족될 수 없다. 끊임없이 새로운 욕망들이 그들에게 생겨나서 욕망은 충족되지 않고 새로운 욕망으로 대체되어 욕망의 충족은 다음으로 연기될 뿐이다. 그들은 항상 허기진 사람처럼 배가 고프고 왠지 가슴속에 구멍이 뻥 뚫린 채 살아가게 된다. 다시 말하면 그들은 항상 무언가 부족하고 결핍되어 있는 것처럼 느껴져 뭔가 가슴 한구석이 허전하다. 그러나 그들은 가정에서도 일터에서도 사람들과의 만남에서도 그들의 텅 빈 가슴을 채울 수 없다. 그들은 욕망의 굴레에 단단히 걸려 있기 때문이다.

요즈음 젊은이들도 공허감을 짙게 느낀다. 그들은 자본주의 사회가 만들어 내는 욕망에 어느 세대보다도 민감하고 영향을 많이 받는 다. 그럼에도 불구하고 젊은 세대가 88만 원 세대라고 불릴 정도로 젊은이들의 현실은 비참하다. 대학생들의 대부분이 편의점에서 아르바이트를 하고 있다. 그들은 대학을 졸업해도 취업도 힘들고 설령 취업을 하더라도 비정규직으로 가는 경우가 많다. 이러한 사정이 앞으로 획기적으로 나아질 것 같지도 않다. 그들은 욕망으로 가득한데 욕망의 출구를 찾을 수 없다. 그리하여 그들은 꿈도 희망도 없이 삶의 의미와 방향도 상실한 채 방황한다.

허영심은 내가 남보다 잘났다고 느끼는 감정이자 정서이다. 오늘날 자본주의 사회와 같이 경쟁이 심한 사회에서는 허영심이 끊임없이 생겨날 수밖에 없다. 사람들은 옷, 집, 자동차 등을 통하여 자신을 과시하려 할 뿐만 아니라 사회적 지위, 업적, 명성 등을 통하여 자신을 과시하려 하기도 한다. 어떻게 보면 사람들이 공허감을 짙게 느낄수록 허영심은 강해진다고 할 수 있다. 빈 깡통이 요란하다는 격언이 있지 않는가. 영혼이 충만한 사람들은 결코 허영심에 젖을 수 없다.

OECD의 통계에 따르면 2008년 한국사회의 자살률이 OECD 회원국들 중에서 가장 높다. 한국사회의 자살률은 인구 십만 명 당 21.5명이다. 한국사회에서 자살하는 사람들은 여러 가지 이유로 자살하겠지만 좌절감과 박탈감에 휩싸여 꿈과 희망을 잃고 자살하는 사람들이 많을 것이다. 좌절감과 박탈감은 상대적이기 때문에 자본주의 사회에서 살아가는 사람이라면 누구나 다 느낄 수 있는 감정이다. 하지만 아르바이트하며 어렵게 살아가는 젊은이들, 실업자들, 비정규직 노동자들, 집도 절도 없이 떠돌아다니는 자들이야말로 가장 좌절감과 박탈감을 크게 느낄 것이다. 그들은 대체로 욕심이 많지 않긴 하다. 하지만 자본주의 사회의 양극화가 심화되고 욕망의 소용돌이를 자본주의 사회가 자꾸 만들어 내는 한, 그들의 좌절감과 박탈감은 그만큼 더 커지고 급기야는 자살이라는 극단적 선택을 할 수밖에 없을 것이다.

자본주의 사회는 끝없이 성장하지 않으면 유지될 수 없다. 그래서 자본주의 사회는 새로운 성장 동력을 얻기 위해서 새로운 기술을 개발하고 새로운 상품을 출시하여 새로운 시장을 개척하지 않으면 안 된다. 이를테면 자본주의 사회는 끊임없이 욕망의 소용돌이를 시장에서 만들어 나가야 한다. 하지만 자본주의 사회의 성장은 순조롭게 이루어지지 않는다. 욕망의 소용돌이로 인하여 과잉생산과 거품이 만들어지고 과잉생산과 거품은 자본주의 사회를 불안정하게 만든다. 그리하여 자본주의 사회는 주기적으로 경제성장과 경기침체를 반복하다가 치명적인 경제위기에 빠져든다. 자본주의 사회가 치명적인 위기에 빠졌을 때 사람들은 여태까지 욕망해 왔고 누렸던 것을 더 이상 가질 수 없다는 공포감에 휩싸인다. 자본주의 사회의 공포감은 주로 사회적 지위의 강등, 실업, 파산 등으로 인하여 생긴다. "자본주의의 기본적인 동인은─그리고 이것은 모든 계급에게 다소의 정도로 적용된다─공포: 실업, 파산, 지위의 상실, 강등 그리고 특히 기아와 빈곤(주변부에서 특히 그렇다)에 대한 공포이다."[113] 물론 이러한 공포감은 자본주의 사회에 상존하고 있다. 그렇지만 경제적 위기가 심화될 때 이러한 공포감은 극대화된다. 따라서 자본주의 사회의 공포감도 자본주의 사회가 만들어 내는 욕망으로부터 비롯된다.

---

113) Paul M. Sweezy, *Four Lectures on Marxism*, Monthly Review Press, 1981, p.96.

(7) 욕망과 중독

중독이란 무엇인가? 그것은 욕망의 덫에 단단히 걸려들어 욕망의 덫으로부터 빠져나오지 못하는 상태이다. 오늘날 남녀노소를 불문하고 중독에 빠져들곤 한다. 우리가 중독에 빠지는 경우는 여러 가지 길이 있다. 그러면 언제 우리가 중독에 빠져들까? 첫째로, 외롭고 심심할 때 중독에 빠지기 쉽다. 둘째로, 일이 잘 안 풀릴 때도 중독에 빠져들기 쉽다. 셋째로, 사랑하는 가족이나 친구를 잃었을 때도 중독에 빠지기 쉽다. 넷째로, 희망이나 꿈을 잃었을 때도 중독에 빠지기 쉽다. 다섯째로, 현실에 적응하지 못했을 때도 중독에 빠지기 쉽다. 이 외에도 중독에 빠져드는 경우는 많이 있을 것이다. 하지만 그런 경우를 여기서는 일일이 열거하지 않겠다.

그런데 어떤 것에 사람들은 중독되는가? 옛날에는 주로 술, 마약, 도박에 사람들이 중독되었다. 그러나 오늘날에는 중독의 대상이 옛날보다 훨씬 다양해졌다. 오늘날 중독의 대상은 술, 마약, 도박뿐만 아니라 컴퓨터 게임, 쇼핑, 도둑질, 음식, 섹스 등이다. 드물게는 중독의 대상이 살인과 같은 범죄일 수도 있다.

쇼핑의 경우를 생각해 보자. 쇼핑은 현대사회에서 필수적이며 일상적으로 매일 경험하는 일이다. 도처에 쇼핑을 위한 장소와 공간이 있다. 재래시장, 동네 근처의 마트, 백화점, 전자상가, 인터넷 쇼핑몰 등 생활필수품이나 전자제품 등을 사고파는 곳은 도처에 널려 있다. 쇼핑의 유혹은 우리의 일상 한가운데에 자리 잡고 있는 셈이다. 그래서 우리는 쇼핑을 당연하게 여기고 즐기며 쇼핑에서 생활의 활기를 재충전하려고도 한다. 우리에게 쇼핑의 의미는 여러 가지가 있을 것이다. "많은 사람들은 잠시 짬이 날 때면 직접 나서서 쇼핑하기를 좋아한다. 그렇다고 미친 듯이 좋아한다고 할 수 없다. …… 쇼핑은 현재와 미래의 모습을 발견할 수 있는 중요한 계기가 된다. 사람들은 자신이 존경하는 사람들과 자기를 동일시하기 위해 쇼핑한다. 그들은 변화를 갈망하기 때문에 쇼핑한다. 자신을 사랑하고 남에게 관대하기 위해서 쇼핑한다. 또 소속감을 느끼고 성공하기 위해 쇼핑한다."[114] 이와 같이 쇼핑은 우리의 삶을 풍요롭게 할 수 있다. 그러나 쇼핑에 병적으로 탐닉하는 사람들이 더러 있다. 그들은 쇼핑에서 짜릿한 쾌감을 느끼고 쇼핑을 하지 않으면 견딜 수 없어 한다. 결국에는 쇼핑으로 인하여 그들의 인생이 망가지기까지 한다.

마약이나 범죄는 도덕적으로나 법적으로 나쁜 일이므로 중독이 아니더라도 허용되어서는 안 되겠지만 술, 도박, 섹스는 생활의 윤활유로 기능을 할 수 있다. 하지만 술, 도박, 섹스도 쇼핑처럼 중독이 되면 사람들의 인생이 망가진다.

어떻게 사람들은 중독에 빠지는가? 예를 들어 보면, 요즈음 많은 아이들이 컴퓨터 게임에 중독되어 있다. 그리하여 컴퓨터 게임에 중독된 아이들이 학업을 소홀히 하기도 하고 거칠고 공격적인 성향을 보여 학교와 가정의 문제가 되기도 한다. 이런 아이들은 대부분 홀로 남겨져서 외롭고 심심한 시간을 보내다가 컴퓨터 게임에 손을 댄다. 그들은 처음에는 심심풀이로 컴퓨터 게임을 하다가 컴퓨터 게임에 점차로 몰입한다. 그들은 컴퓨터 게임에서 현실에서 충족하지 못하는 욕망을 충족시키기고 짜릿한 쾌감을 느낀다. 이렇게 되면 컴퓨터 게

---

114) 토마스 하인, 『쇼핑의 유혹』, 김종식 옮김, 세종서적, 2003, p.267.

임에 몰입하는 일이 좋지 않은 일이라고 느껴도 자신도 모르게 컴퓨터 게임에 자꾸 손이 가게 된다. 금지된 장난은 더 하고 싶은 법이다. 그 결과 아이들은 현실과 가상현실을 혼동하게 되고 살인, 폭력, 포르노의 가상세계에서 욕망을 추구하고 충족시키지 않으면 견딜 수 없게 된다. 이제 컴퓨터 게임은 아이들에게 거역할 수 없는 치명적인 유혹이 되는 셈이다. 이와 같이 중독은 인간의 내면에 깊숙이 숨어 있는 욕망과 이 욕망의 충족 그리고 이와 함께 가상적으로 체험되는 짜릿한 쾌감, 즉 황홀감과 직결된다. 사람들이 상실감과 좌절감을 느꼈을 때도 위안의 대상을 찾다가 그 대상—대상이 섹스이든지 도박이든지 음식이든지 간에—에 중독되고 앞의 과정을 밟는다. 모든 중독이 다 그렇다.

중독은 항상 짜릿한 쾌감, 즉 황홀감을 동반한다. 황홀감이 없다면 사람들은 어떤 것에도 중독되지 않을 것이다. 중독 전문가 네켄에 따르면 중독에는 각성, 포만, 환상의 황홀감이 수반된다고 지적하였다. "각성과 포만감이 가장 흔하고 환상이 그 다음으로 빈번하게, 사실 환상은 모든 종류의 중독에 포함되어 있다고도 볼 수 있다. …… 각성 상태에서는 강력하고 노골적이며 절제되지 않는 힘이 느껴지고 자신이 전능하고 공격당할 수 없는 존재처럼 여겨진다. …… 각성으로 인한 황홀감이 자신에게 힘이 있다고 착각하게 만드는 것과는 달리 포만으로 인한 황홀감은 자신이 충만하고 완전하며 고통을 초월해 있다는 느낌을 준다."[115]

그렇지만 이러한 황홀감은 사이비 황홀감에 불과하다. 이러한 황

115) 크레이그 네켄, 『중독의 심리학』, 오혜정 옮김, 웅진, 2008, p.19 이하.

홀감은 우리가 영적으로 충만했을 때 체험하는 황홀감과는 다르다. 이러한 황홀감은 지속적이지 못하고 황홀감의 순간이 지나가면 우울해지고 공허감마저 느낀다. 네켄은 중독에 수반되는 황홀감을 다음과 같이 신랄하게 비판하였다. "우리는 영적인 원리와 연결되고 그 안에서 살아가기 위해서 자연스럽게 초월을 갈망하기 때문에 이렇게 황홀감에 이끌리는 것이다. …… 그러나 황홀감은 가상현실을 만들어 내어 그 안에서 영적인 체험이 실제로 일어난 것처럼 착각하게 해 줄 뿐이다. 진정한 영적 체험은 우리로 하여금 보다 깊은 의미를 깨닫게 해 주며, 치유되고 공감하면서 거듭 의미에 연결될 수 있게 해 준다. …… 그러나 중독성 황홀감을 통해서 사이비 영적 체험을 한 사람들은 그 체험이 지나간 후에 애초에 자기가 피하려고 했던 고통과 불안의 상태로 되돌아온다."[116] 진정한 영적 체험은 욕망의 굴레로부터 벗어났을 때 느낄 수 있는 황홀감이자 희열이다. 하지만 중독에 수반되는 황홀감은 욕망의 굴레에 사로잡혀 있기 때문에 욕망과 욕망의 충족이 가상적으로만 다람쥐 쳇바퀴 돌아가듯이 반복될 뿐이다.

오늘날 대부분의 사람들이 강한 중독이든 약한 중독이든 간에 한 번씩은 경험해 보았을 것이다. 그리고 오늘날 자본주의 사회란 욕망이나 중독을 권하는 사회, 더 정확하게 말해서 욕망이나 중독을 강요하는 사회이다. 그렇기 때문에 우리는 욕망과 중독에서 벗어나기가 무척 힘들다. 헤겔은 이미 19세기 초에 자본주의 사회를 욕구의 체계로 이해했고 20세기 후반에 들뢰즈는 자본주의 사회를 거대한 욕망기계로 간주하였다. 그만큼 자본주의 사회는 인간의 내면에 욕망을

---

116) 앞의 책, p.23.

체계적으로 생산하고 구조화하며 욕망에 빠져들게 한다. 이런 사회에서는 욕망이 으레 중독으로 나아가기 마련이다. 따라서 오늘날 사람들이 중독으로부터 벗어나기가 여간 어려운 일이 아닐 것이다.

3) 화폐와 욕망

화폐는 순수한 한국어로 돈이라고 한다. 왜 화폐를 돈이라고 불렀을까? 확실한 이유는 없다. 돈은 사람들 사이를 돌고 돈다고 돈이라고 부른다는 우스개 이야기가 있다. 이 이야기는 우스개 이야기지만 돈의 중요한 속성을 말해 준다. 동어반복 같지만 화폐는 유통되기 때문에 화폐일 수 있다. 달리 말하자면 유통될 수 없는 화폐는 화폐가 될 수 없다.

화폐의 유통은 상품의 순환을 전제하면서 동시에 상품의 순환을 가능하게 한다. 화폐는 상품의 가치를 대리하고 표상하기 때문에 물물교환의 우연성은 사라지고 모든 상품은 화폐로 환산되어 구매하고 판매할 수 있다. 그리하여 화폐는 교환의 수단이자 상품의 가치를 평가하는 척도일 뿐만 아니라 모든 상품 위에 군림하는 힘이기도 하다. "상품의 순환이 확대됨에 따라 항상 사용되도록 준비되어 있는 부의 절대적으로 사회적인 형태인 화폐의 힘이 증대한다. …… 화폐는 화폐로 변형되어 왔던 것을 드러내지 않기 때문에 상품이든 아니든 모든 것은 화폐로 변환될 수 있다. 모든 것은 판매할 수 있고 구매할 수 있게 된다."[117]

화폐가 무엇인지에 관하여 숱한 경제학자들이나 사상가들이 많은 이야기를 해 왔다. 하지만 마르크스만큼 일목요연하게 화폐의 정체를 밝힌 사상가도 드물 것이다. 그는 인간의 노동 일반으로 화폐의 가치를 환원함으로써 화폐의 정체를 밝혔다. 상품으로부터 화폐로 전개되는 그의 화폐 이야기를 살펴보자.

상품이란 유용한 물건이면서 가치를 지닌다. 상품은 유용하기 때문에 사용가치를 지니고 다른 상품과 교환되기 때문에 가치를 지닌다. 상품은 동일한 사회적 실체인 인간 노동의 표현이므로 상품의 가치는 객관적 성격을 지닌다. 또한 이 객관적 성격은 순전히 사회적이다. 상품의 가치가 상품과 상품 사이의 사회적 관계에서 나타나기 때문이다. 따라서 상품가치는 상품들 사이의 가치관계이다. 이 가치관계는 가장 단순한 가치형태로부터 화폐형태로 발전된다. 즉 단순한 가치형태 → 확대된 가치형태 → 일반적 가치형태 → 화폐형태로 가치관계는 발전한다.

단순한 가치형태는 x량의 상품 A = y량의 상품 B, 즉 상품 A의 x량은 상품 B의 y량과 같다는 등식으로 표현된다. 하지만 이 단순한 등식이 모든 가치형태의 기반을 이룬다. "모든 가치형태의 비밀은 이 단순한 가치형태에 숨어 있다."[118] 그러므로 단순한 가치형태를 충분히 살펴보아야 한다.

단순한 가치형태에서 상품 A의 x량의 가치는 상품 B의 y량의 사용가치에 의해서 표현된다. 따라서 상품 A는 상대적 가치형태이고 상품 B는 등가형태이다. 단순한 가치형태에서는 상품 A와 상품 B는 가치표현의 두 극단으로 대립하면서도 서로 의존하고 서로 제약한다. 두

117) K. Marx, *Capital* 1, trans. B. Fowkes, New Left Review, 1986, p.229.
118) 앞의 책, p.139.

극단으로 서로 맞서면서 서로 의존하는 상품 A와 상품 B는 서로 다른 속성을 지닌다. 하지만 가치관계에서 이 상품들은 질적으로 같은 종류의 것으로 간주된다. 그래서 상대적 가치형태보다는 등가형태를 살펴보는 것이 중요하다.

등가형태를 고찰할 때 세 가지 특징이 눈에 띈다. 첫째로, 사용가치가 자기의 대립물인 가치의 현상형태로 된다. 상품 B가 현물형태로서, 즉 사용가치의 형태로서 가치형태가 되기 때문이다. 둘째로, 유용한 구체적 노동이 그 대립물인 추상적 인간노동의 현상형태로 된다. 상품 B를 생산하는 구체적 노동이 추상적 인간노동으로 환원되기 때문이다. 셋째로, 사적 노동이 그 대립물의 형태, 즉 사회적 형태의 노동으로 된다. 상품 B가 다른 상품과 사회적으로 교환되기 때문이다.

이와 같이 본다면 단순한 가치형태의 등식이 무엇을 의미하는지 파악할 수 있다. 상품 A와 상품 B는 각각 서로 다른 구체적 노동에 의해서 생산되었고 질적으로 그 속성도 다르다. 그럼에도 불구하고 상품 A와 상품 B는 등가로 교환된다. 왜 그럴까? 상품 A와 상품 B는 인간노동의 생산물이고 인간의 일체의 노동은 동등한 질의 노동, 즉 인간노동 일반, 추상적 노동으로 환원될 수 있기 때문이다. 그래서 인간노동 일반은 가치의 원천이 된다. 단순한 가치형태에서 상품 A와 상품 B는 질적으로 다른 상품이 맺는 관계라서 질적인 관계로 보인다. 하지만 단순한 가치형태의 등식은 질적인 관계를 의미하는 게 아니다. 헤겔의 『논리학』에서 반성규정인 동일성이 질적이지 않은 관계를 의미하듯이 이 등식은 질이 추상화된 관계를 의미한다.

단순한 가치형태는 물물교환의 진전에 따라 확대된 가치형태로 발전한다. 확대된 가치형태에서는 상품 A가 상품 B와 사회적 관계를 맺는 게 아니라 상품세계 전체와 관계를 맺는다. 하지만 상품 A가 뭇 상품들과 등가를 이룸으로써 물물교환은 우연성에 맡겨진다. 따라서 상대적 가치를 등가로 표현하는 일반적인 등가물이 필연적으로 요청된다. 여기서 확대된 가치형태는 일반적인 가치형태로 발전한다.

일반적인 가치형태에 등장하는 일반적인 등가물은 다른 모든 상품의 가치를 표현하는 상품이다. 그래서 일반적인 등가물은 다른 모든 상품들의 객관적 실재임과 동시에 사회적으로 인정되어야만 한다. 그리고 일반적인 등가물이 되는 상품은 상품의 세계 안에 있으면서 상품의 세계 밖에서 뭇 상품 위에 군림해야 한다. 이런 상품으로 적당한 것이 금이다. 따라서 금은 상품이면서 화폐이다. 금은 일상생활에서 유용하게 사용되기보다는 사치스러운 장식으로나 富나 위엄을 상징하는 물건으로 사용될 뿐이고 금은 소재적으로 마모되기도 쉽지 않기 때문이다. 그래서 역사적으로 금은 동서양에서 화폐로 채택되었다.

상품생산과 상품유통이 발전함에 따라 상품에 대한 욕구가 갱신되고 증대된다. 여기서 화폐, 즉 금으로 시간과 공간의 제약을 받지 않고 다른 상품과 교환할 수 있으므로 금을 확보해서 축장하려는 욕망과 열정이 생겨난다. "상품을 교환가치로, 교환가치를 상품으로 붙잡을 수 있는 가능성과 함께 금에 대한 갈망이 깨어난다."[119] 게다가 금을 확보하고 축장하려는 욕망은 끝없이 증식한다. "화폐를 축장하려는 충동은 그 본성상 끝이 없다. 질적으로나 형식적으로 고려하면, 화폐는 모든 관계로부터 독립적이다."[120] 이와 같이 자본주의 사회에서 나타나는 화폐에 대한 욕망을 마르크스는 잘 지적하였다. 하지만 그

119) 앞의 책, p.229.
120) 앞의 책, p.230.

는 화폐에 대한 욕망만 보았지 욕망 일반을 소홀히 하였다.

사실상 마르크스의 『자본』에는 인간의 욕망 일반은 거의 등장하지 않는다. 주로 자본가의 욕망이 거론되며 자본가의 욕망 중에서도 자본축적을 향한 충동과 화폐에 대한 탐욕이 자주 묘사되고 있을 뿐이다. "자본가가 인격화된 자본인 한에서 자본가를 움직이는 힘은 사용가치의 획득과 향유가 아니라 교환가치의 획득과 증식이다. …… 자본의 화신으로서 자본가는 치부를 향한 절대적 충동을 수전노와 공유한다."[121] 자본가는 우선 상품의 사용가치에 치중하기보다는 상품의 교환가치에만 치중하는 셈이다. "자본주의 생산양식의 역사적 새벽에—그리고 벼락부자 자본가라면 누구나 개별적으로 이 역사적 단계를 거쳐야 한다—탐욕과 치부를 향한 충동은 전적으로 지배적인 열정이다."[122] 자본축적과 치부를 위해서 노동자 계급을 지배하고 착취하려는 자본가의 충동도 따라 나온다. 무엇이 자본가의 이러한 탐욕과 충동을 몰아세우는가? 바로 이러한 탐욕과 충동은 자본주의 사회의 작동기제인 경쟁으로부터 나온다. 따라서 자본가의 화폐에 대한 탐욕과 치부를 향한 충동은 철저하게 사회적 산물이다.

허나 자본가의 욕망에는 화폐에 대한 탐욕과 치부를 향한 충동만 있는 게 아니다. 자본주의 생산이 확대되고 부의 축적이 성장함에 따라서 자본가는 수전노의 금욕주의를 비웃고 쾌락을 추구하는 욕망에 눈을 뜨기 시작한다. 그리하여 "동시에 거기에는 자본가의 가슴속에 축적을 향한 정열과 향락을 위한 욕망 사이의 파우스트적인 갈등이 발전한다."[123]

---

121) 앞의 책, p.739.
122) 앞의 책, p.741.

이런 식으로, 자본주의 초기의 산업혁명시대를 살았던 마르크스는 자본가의 탐욕과 충동을 주로 폭로하고 묘사할 뿐이다. 노동자는 임금으로 겨우 자신과 가족의 생계를 유지할 수 있을 정도로 착취당하기 때문에 욕망의 주체가 될 수 없다. 마르크스의 눈에는 노동자계급의 빈궁과 비참한 생활만이 비쳤을 것이다. 그러나 이게 마르크스가 인간의 욕망 일반을 다루지 않은 이유의 전부라고 말할 수 없을 것이다. 마르크스 이전에 헤겔은 시민사회를 욕구의 체계로 규정하고 욕망을 정신 발전의 주요한 한 계기로 삼았다. 마르크스는 생산과 노동에만 초점을 맞추어 자본주의 사회를 이해하다 보니 헤겔의 소중한 유산을 놓쳐 버린 셈이다. 기껏해야 그는 욕망을 자본주의 생산과 관련해서 언급했을 뿐이다. "자본주의 생산의 확대는 한편으로는 사회적 욕구를, 다른 편으로는 기술적 수단을 창출한다."[124] 이 이상 욕망은 마르크스의 관심을 끌지 못한다.

물론 오늘날의 자본주의도 마르크스의 예리한 비판을 비켜가지 못할 것이다. 주기적인 불황과 불안정한 경기, 사회적 양극화, 비인간화, 물신숭배 등은 마르크스가 이미 『자본』에서 논의한 사항들이다. 그런 점에서 마르크스의 사상은 여전히 효력이 있다고 보아야 할 것이다. 그러나 욕망에 관한 마르크스의 사상은 그의 자본축적 이론에 비해서 아주 빈약하다. 그는 상품의 효용(사용가치)과 소비를 등한시하였기 때문이다. 허나 상품의 효용과 소비는 오늘날 자본주의를 이해하기 위해서는 꼭 필요한 개념이다.

더군다나 화폐는 부의 축적과 관련하여 이해될 수도 있겠지만 소

---

123) 앞의 책, p.741.
124) 앞의 책, p.779.

비와 욕망과 관련하여 이해될 수도 있다. 오늘날 자본주의 사회에서는 자본가든지 노동자든지 쾌락, 향락의 원칙으로부터 벗어날 수 없다. 화폐야말로 소비와 욕망을 쾌락, 향락과 연계시킬 수 있는 매체이다. 그리하여 오늘날 화폐는 대중이 가장 강하게 열망하는 유혹의 매체가 되었다.

그렇기 때문에 사람들은 화폐를 쫓아서 이리저리 몰려다닌다. 화폐는 쾌락을 보증할 뿐만 아니라 욕망을 충족시킬 수 있는 가장 확실한 담보이다. 자본주의 사회에 사는 우리는 화폐로 우리가 욕망하는 것이라면 무엇이든 구매할 수 있다. 더군다나 화폐 자체가 이 세상을 지배하는 힘, 권력이다. "화폐는 단지 합리적인 객관적 척도인 것이 아니라 이 객관적 세계를 지배하는 힘을 표상하고 있다. 화폐는 모든 물건을 지배함에 의하여 현실세계를 지배하는 힘을 갖는 것이고 바로 그 때문에 화폐는 악마의 화신이라고 간주되기조차 한다."[125] 따라서 화폐는 자본주의 사회에서 욕망을 가장 잘 표현하는 것이라고 할 수 있을 것이다.

4) 가상현실과 욕망

가상현실은 오늘날 컴퓨터와 같은 대중매체와 인터넷이나 통신과 같은 네트워크가 가상공간에 만들어 낸 것이다. 우리가 브로델의 자본주의와 시장경제의 구분을 받아들인다면 경제적인 관점에서 가상

---

125) 佐伯啓思, 『貨幣·慾望·資本主義』, 新書館, 2005, p.169.

현실은 자본주의의 산물이라기보다는 시장경제의 산물이라고 보는 게 더 적절할 것이다. 자본주의는 독점과 연결되고 시장경제는 자유로운 경제와 연결되기 때문이다. 가상현실은 시장경제의 산물이기 때문에 자유분방함이 그 생명이다. 개인용 컴퓨터도 자본가의 기획에 의해서 탄생한 것이 아니라 자유분방한 전자공학자에 의해서 탄생되었다. 게다가 웹상의 응용 프로그램이나 게임 프로그램의 대부분이 프로그래머들의 자유로운 경쟁에 의해서 개발되었다. 그리하여 누구나 자유롭게 자신을 표현하고 응용 프로그램을 아무런 규제도 없이 거래할 수 있는 웹 자유주의가 성립되었다.

가상현실 속의 욕망은 현실의 욕망에 기반을 둔다. 하지만 가상현실 속의 욕망은 현실의 욕망과는 다르다. 가상현실은 웹에서 구현되고 웹 자유주의가 그 바탕이 되기 때문이다. 그러면 가상현실 속의 욕망이 지니는 몇 가지 특징만 살펴보자.

첫째로, 가상현실에서는 익명성이 보장되기 때문에 현실에서 드러낼 수 없거나 드러내기 어려운 인간의 은밀한 욕망이 여과 없이 표출된다. 인간의 은밀한 욕망이란 현실의 금기와 제약으로 채울 수 없는 욕망, 즉 극단적 성욕이나 공격충동, 파괴충동 등이다. 이러한 욕망을 드러내는 예들은 포르노라든지 폭력과 살인의 금기를 다루는 게임이든지 노골적인 비방이나 욕설 등이다. 특히 아동 포르노는 범죄이지만 가상현실이 없이는 유포될 수 없는 은밀한 욕망이다.

둘째로, 현실에서 익숙한 자아와는 다른 괴이한 자아가 가상현실에서 탐구된다. 아이온, 리니지, 스타크래프트와 같은 다중접속 역할수행 게임에서는 사람들은 자신이 상인이 되기도 하고 전사가 되기도 하고 괴물이 되기도 하면서 환상적으로 시뮬레이션된 시나리오

속에서 다른 사람들과의 상호 작용을 만끽할 수 있다. 그뿐만 아니라 세컨드 라이프와 같은 프로그램에서는 현실의 자아를 벗어나 새로운 자아로 살아갈 수 있다. 현실의 상황과는 달리 사람들은 가상현실에서 자신이 원하는 일을 하면서 자신이 원하는 여성이나 남성과 결혼하여 아이를 낳아 자신의 보금자리를 꾸미면서 살아갈 수 있다. 사람들 스스로 원하는 새로운 자아가 드디어 탄생하는 셈이다. 현실의 가면 속에 가려진 숨겨진 자아가 드러난다고도 할 수 있겠다.

셋째로, 가상현실에서 현실적인 제약을 받지 않고 온라인 인맥을 구축하여 온라인 친구와 연결하여 소통하고 자신을 과시하고 싶은 욕망이 생겨난다. 예를 들어 싸이 월드, 트위터, 페이스 북과 같은 소셜 네트워킹 프로그램이 그런 욕망을 충족시킨다. 이런 욕망은 소셜 웹의 발달과 더불어 점점 더 커질 것이다.

넷째로, 가상현실에서 욕망과 욕망의 충족은 소비자와 제공자의 공감에서 형성된다. 가상현실에서는 가치가 생산과정에서 생기는 것이 아니다. '가치란 소비자와 제공자 사이에 설정되는 공감'[126]이다. 소비자의 감각적인 체험이 가상현실을 결정하기 때문이다.

다섯째로, 인터넷상에 게시하고 싶은 욕망이 생겨난다. 누리꾼들은 자신의 블로그를 만들어 자신의 견해와 느낌을 게시할 수도 있고 댓글을 써서 자신의 의견을 드러낼 수도 있고 홈피를 만들어서 지식과 정보를 문자, 영상, 동영상 등으로 전달할 수 있다. 게시된 내용은 세계적으로 전파될 수 있다. 누구든지 현실적인 제약을 받지 않고 자신을 드러내는 짜릿한 체험을 할 수 있게 되었다.

---

126) 김국현, 『웹 이후의 세계』, 성안당, 2009, p.145.

여섯째로, 가상현실은 즉시성에 대한 욕망을 자극한다. 걸어 다니거나 말을 타고 다니며 서신을 주고받던 시절에는 즉시 어디서나 다른 사람과 소통하려는 욕망 자체가 생길 수 없었다. 이런 시절은 느림과 기다림이 일상화되고 당연시되는 시절이었다. 그렇지만 오늘날 정보통신기술의 발달은 과거와는 다른 새로운 욕망을 불러일으킨다. 특히 스마트 폰이나 모바일 웹의 등장은 즉시성의 욕망을 증폭시킨다. 즉시 어디서나 다른 사람과 소통하고, 즉시 어디서나 나의 위치나 사물의 정보를 판단하고, 즉시 어디서나 작업하고, 즉시 어디서나 영상에 대한 감각적 체험을 하고, 즉시 어디서나 정보의 효과를 내려는 욕망이 생겨난다.[127] 시간과 공간의 제약을 받지 않고 즉각적으로 소통하고 판단하고 체험하려는 욕망이 스마트 폰이나 모바일 웹의 발명을 초래했다면 거꾸로 이러한 욕망을 스마트 폰이나 모바일 웹의 가상현실이 빚어내기도 한다.

스마트 폰이나 모바일 웹의 가상현실은 시간과 공간을 뒤죽박죽으로 만든다. 걸어 다니거나 말을 타고 다니며 서신을 주고받던 시절의 시간과 공간 개념은 더 이상 유효하지 않다. 사람들은 멀리 떨어져 있어도 스마트 폰이나 모바일 웹을 통하여 서로 연결된다. 사람들은 언제 어디서나 스마트 폰이나 모바일 웹을 통하여 인터넷에 접속하고 실시간으로 방송을 시청하고 문서, 사진, 동영상 등의 자료를 교환할 수 있다. 이럼으로써 즉시성의 욕망은 더욱 증폭된다.

일곱째로, 가상현실은 인간의 기록 욕망을 극대화한다. 인간의 기록 욕망은 옛날부터 있었다. 문자의 발명과 사용은 기록 욕망의 뚜렷

---

127) 앞의 책. p.242 이하.

한 증거이다. 인간이 문자를 사용함으로써 인간의 불충분한 기억력을 보충할 수 있었다. 인간이 정보를 일일이 기억하지 않더라도 문서에 정보를 기록함으로써 정보를 저장하고 전달할 수 있다. 따라서 문자는 이천여 년 동안 인간의 기억을 보충하고 정보를 저장하고 전달하는 미디어의 역할을 해 왔다. 그리하여 문자로 기록된 문서나 책이 옛날에는 문화를 보존하고 계승하는 역할도 수행하고 소통의 수단이 되기도 했다. 하지만 20세기에 들어서서 정보통신기술의 비약적인 발달로 가상현실이 문서나 책 대신에 이러한 역할을 수행하게 되었다. 이제 우리는 정보통신기술이 만들어 낸 가상현실을 통하여 문자는 물론 이미지, 동영상, 음성, 목소리 등을 거의 무제한적으로 저장하고 복제할 뿐만 아니라 신속하게 전송할 수 있게 되었기 때문이다. 바야흐로 인간의 기록 욕망은 문서나 책이 갖는 제약을 뛰어넘어 가상현실에서 증폭되고 극대화된다.

인간의 기록 욕망에 대해 데리다만큼 관심을 기울여 탐구한 철학자나 사상가는 없을 것이다. 그래서 여기서는 기록 욕망에 대한 데리다의 생각을 살펴보겠다.

데리다는 플라톤의 이데아 철학이나 후설의 현상학을 현전의 형이상학으로서 규정하고 현전의 형이상학을 해체하려고 하였다. 데리다는 현전의 형이상학을 해체할 때 말과 글의 위계질서에 초점을 두었다. 현전의 형이상학이란 글보다 말, 즉 logos에 우위를 두고 글을 말로부터 배제하고 억압하려는 경향이 있다. 말이란 말하는 주체와 말을 듣는 상대방 앞에 그 현전이 분명히 드러난다. 그렇기 때문에 말은 말하는 주체가 본래 의도한 바를 가감 없이 말을 듣는 상대방에게 전달할 수 있다. 게다가 말은 서로 얼굴을 보고 주고받기 때문에 뻔

뻔스럽게 말을 하기가 힘들다. 하지만 글, 즉 문자(ecriture)란 책이나 문서의 형태로 기록되므로 익명적이어서 뻔뻔스러울 수 있다. 게다가 글은 기록한 자가 누군지도 알 수 없이 이리저리 유포될 수도 있다. "뿌리가 뽑히고 익명적이며 어떤 집이나 나라에도 정착하지 못하기에, 이 거의 사소한 기표는 누구나 제멋대로 처분할 수 있다."[128]

기억의 차원에서 말과 글을 고려해 보자. 말은 영혼이 의도하는 의미를 1차적으로 재현하고 반복한다. 그렇지만 문자는 그렇지 못하다. 문자는 말이 재현하고 반복한 것을 재현하고 반복할 뿐이다. 그래서 말이 생생한 기억의 현전을 제공한다면 문자는 생생한 기억의 현전과는 거리가 멀다. 말은 기억을 향상시키지만 오히려 문자는 기억을 감퇴시키는 망각의 폭력이다.

허나 데리다는 현전의 형이상학이 이렇게 내치는 문자의 역할에 오히려 방점을 찍는다. 문자야말로 기억을 감퇴시키지만 기억을 보충한다. 그리고 이러한 보충이야말로 말의 생생한 기억을 성립시키는 조건이 된다고 데리다는 보았다. 예를 들어 미국의 인디언들은 한글을 부러워한다. 인디언들이 그들의 말을 보존하려고 하지만 인디언의 말이 점차로 사라지고 있기 때문이다. 물론 미국의 인디언들이 소수이고 미국의 문화에 동화되다 보니 인디언의 말이 사라진다고 할 수 있다. 그러나 만일 인디언에게 문자가 있었다면 인디언의 말은 사라지지 않을 것이다. 인디언의 문자가 인디언의 말을 지탱할 수 있기 때문이다. 이 경우에 우리는 문자의 힘을 알 수 있다. 이렇게 본다면 문자보다 말에 우위를 두는 현전의 형이상학에 대한 데리다의 비판

---

128) J. Derrida, *Dissemination*, trans. B. Johnson, University of Chicago, 1981, p.144.

이 일리가 있다. 문자가 있음으로써 문화의 보존과 전승이 이루어질수 있다. 여기에서 문자에 대한 집착과 기록 열병이나 기록 욕망이생긴다.

데리다는 『글쓰기와 차이』에서 신비한 용지첩이라는 프로이트의비유를 통해서 기억의 심적 장치가 글쓰기 기계로 대체될 수 있음을보여 주었다. 프로이트는 인간의 심적인 장치를 신비한 용지첩에 비유했다. "얼마 전, 시장에 <신비스러운 글쓰기 판>이라는 이름으로종잇장이나 석판보다 더 좋다는 조그만 발명품이 나온 바 있었다. 그것은 손을 쉽게 움직여서 쓴 글을 지울 수 있는 글쓰기 판에 불과하다. 그러나 좀 더 면밀하게 검토해 보면, 그것의 구성은 우리의 지각기관에 대한 나의 가설적 구도와 크게 닮았으며, 사실상 그것은 항상준비태세가 되어 있는 표면과 그 위에 쓰인 메모의 영원한 흔적을 동시에 제공할 수 있다는 사실을 알게 될 것이다."[129] 이 신비한 용지첩은 지각을 수용하는 조직과 접수된 자극의 흔적을 보존하는 기억조직으로 이루어져 있다. 그리고 자극을 접수하는 종이로부터 밀랍평판이 떨어질 때마다 이 신비한 용지첩은 종이에 쓴 글자가 사라진다.그렇기 때문에 이 신비한 용지첩은 기억의 심적 장치의 유추를 성립시킬 수 있다. "그 신비스러운 글쓰기 판 위에서는, 자극을 접수하는종이와 눌러서 생긴 자극을 보존하는 밀랍평판 사이의 가까운 접촉이 깨질 때는 언제나 글자가 사라져 버린다. 이것은 우리 마음의 지각기관이 기능하는 방식에 대하여 내가 오랫동안 견지해 왔고 지금까지 나 혼자만 간직해 왔던 견해와 일치한다. …… 우리의 한쪽 손은

---

129) 프로이트, 『정신분석학의 근본개념』, 박찬부 옮김, 열린책, 2003, p.437.

신비스러운 글쓰기 판의 표면에 글을 쓰고 있고 다른 손은 주기적으로 밀초평판에서 그것의 덮개종이를 들어 올린다고 상상해 본다면, 내가 어떻게 우리 마음의 지각기관의 기능을 그려 보고자 하는가를 구체적으로 떠올릴 수 있을 것이다."[130] 그러나 신비한 용지첩은 이 용지첩 내부로부터 글자를 재생시킬 수 없다. 이것이 기억의 심적 장치에 대한 신비한 용지첩의 유추적 관계가 갖는 한계이다. 그럼에도 불구하고 자극을 수용하는 표면에 쓰인 글자의 흔적은 각인됨으로써 밀랍판에 보존된다. 이런 점에서 신비한 용지첩은 기억의 심적 장치를 전체적으로 표상할 수 있다. 셀룰로이드 종이는 지각의식에 해당하고 밀랍판은 무의식을 나타내는 셈이다. 데리다는 프로이트의 이러한 유추를 높이 평가하였다. 물론 신비한 용지첩은 컴퓨터에 비하면 아이들 장난감에 지나지 않는다. 그러나 프로이트는 기억의 심적 장치를 신비한 용지첩에 유추함으로써 기억의 심적 장치가 글쓰기 기계로 대체될 수 있음을 분명히 보여 주었다고 데리다는 해석했다.

데리다는 초기부터 사용해 왔던 글쓰기(ecriture)의 용어를 『기록 열병』에서는 기록(archive)의 용어로 발전시켜 나갔다. 오늘날 정보통신 기술은 문자의 영역을 훨씬 넘어서 음향, 목소리, 이미지, 동영상 등도 거의 무제한적으로 저장하고 전송할 수 있기 때문이다. 데리다는 『기록 열병』에서 신비한 용지첩의 모형을 죽음의 충동과 기록 욕망과 연결시켰다. "이 독특한 '신비한 용지첩'의 모형은 우리가 여기서 *기록 충동*이라고 부를 수 있었던 것을, 즉 보존 충동과, 파괴 충동의 형식에서, 모순되는 것처럼 보일 수 있는 것을 또한 통합한다. 그것은

---

130) 앞의 책, p.440 이하.

내가 일찍이 그리고 이 내면적 모순의 관점에서, *기록 열병*이라고 부른 것이다. …… 이 죽음 충동, 이 공격과 파괴 충동 없이는 기록 열병이 없다."[131] 인간은 삶의 본능도 있지만 인간은 유한하고 죽음의 충동에 사로잡혀 있기도 하다. 그렇기 때문에 살아 있는 기억은 인간에게 부담스럽다. 살아 있는 기억은 파괴되고 망각으로 붕괴되어야 한다. "죽음 충동은, 프로이트 자신의 가장 주목할 만한 말들에 따르자면, 공격과 파괴 충동이기 때문에, 그것은 망각, 기억상실, mnēmē(암기) 또는 anamnēsis(상기)로서의 기억의 파괴를 부추길 뿐만 아니라, 즉 기록, 전송, 기억보조수단으로서의 분석적이거나 비망록적인 장치, 기억 기술적인 보충 또는 재현적이거나 보조적인 비망록으로 결코 환원할 수 없는 것, 즉 mnēmē 또는 anamnēsis의 급진적 말소, 참으로 근절을 명령한다."[132]

글쓰기 기계, 더 나아가서 컴퓨터는 살아 있는 기억이 아니라 죽음의 충동에 기반을 두는 망각의 폭력이다. 그것은 살아 있는 기억을 파괴하고 망각과 죽음의 상태로 인간을 이끈다. 비근한 예를 들어 본다면, 노래방 기계가 널리 보급되면서 우리는 가사를 많이 잊어버렸다. 우리가 번호를 입력하면 노래방 기계는 반주를 재생할 뿐만 아니라 노래 가사를 보여 준다. 다시 말하면 노래방 기계는 우리가 원하기만 한다면 우리의 기억을 재현하고 반복할 수 있다. 그래서 어느덧 우리는 노래방 기계의 화면에 비치는 가사가 없이는 노래를 부르기가 어렵게 되었다. 게다가 노래를 깊이 음미하지도 못한다. 노래방 기계의 도움을 받아야 우리는 비로소 노래를 부를 기분이 생긴다. 노래

---

131) J. Derrida, *Archive Fever*, trans. E. Prenowitz, University of Chicago, 1996, p.19.
132) 앞의 책, p.11. mnēmē나 anamnēsis는 살아 있는 기억을 뜻한다.

방 기계로 노래를 부르는 동안 우리는 망각과 죽음의 상태에 빠져드는 셈이다. 또 다른 예를 들어 본다면, 휴대전화가 나오면서 전화번호도 일일이 기억하지 못한다. 심지어는 자신의 전화번호도 제대로 기억하지 못한다. 휴대전화가 우리를 대신해서 기억하고 이 기억은 언제든지 반복될 수 있기 때문이다. 우리는 기계의 기억장치에 상당히 의존하게 되었다. 기계의 기억장치는 노래의 가사나 전화번호만 기억해서 재생하는 건 아니다. 그것은 그 외의 많은 정보도 기억하고 재생한다. 기계의 기억장치는 기억하고 재생하는 기능만 하는 건 아니다. 그것은 반복하고 전송할 수 있다. 오늘날 컴퓨터는 바로 정보를 저장하고 재생하고 전송하는 기계이다. 이것을 두고 데리다는 기록(archive)이라고 불렀다. *"전송의 장소 없이는, 반복의 기술 없이는 그리고 어떤 외면성 없이는 기록(archive)이 없다. 외부 없이는 기록이 없다."*133)

오늘날 정보통신기술은 데리다의 미디어 담론을 능가할 정도로 발전되었다. 엄청난 정보가 컴퓨터에 저장될 뿐만 아니라 빠른 속도로 처리되고 전송될 수 있다. 컴퓨터가 소형화됨에 따라 우리는 이동 중에도 언제 어디서나 인터넷에 접속하여 정보를 검색하고 자료를 내려받아 자료를 전송할 수 있다. 전송의 기술, 반복의 기술이 시간과 장소의 제약을 받지 않고 가능하게 되었다. 데리다는 이러한 기술 덕분에 archive가 성립할 수 있었다고 보았다.

기록 욕망은 문자의 발명과 더불어 시작되었다. 하지만 문자의 발명은 기록 욕망을 개시했을 뿐이다. 오늘날 전송의 기술, 반복의 기술은 인간을 망각의 죽음 속으로 빠뜨리고 기록 욕망, 기록 열병을 과

---

133) 앞의 책, p.11.

거와는 비교할 수 없을 정도로 극대화한다. 우리 주위를 둘러보아라. CCTV가 도시 곳곳에 설치되어 일상생활의 일거수일투족을 기록하고 인공위성은 지구를 돌면서 지구에서 일어나는 모든 현상을 샅샅이 기록한다. 인류가 수천 년 동안 이루어 놓았던 문화유산도 컴퓨터에 통째로 저장되어 검색될 수 있다. 인간의 DNA 구조도 완전히 밝혀져 컴퓨터에 저장되어 있다. 우리는 예전에 없던 기록 열병, 기록 욕망에 사로잡혀 미친 듯이 기록하고 있는지 모른다. 따라서 기록은 정보통신기술이 만들어 낸 가상현실에 의해 가능하고 가상현실이 기록 욕망, 기록 열병을 극대화한다고 할 수 있을 것이다.

제3부

욕망의 형이상학을 위한 몇 가지 제언

이 글 서두에서 본인은 욕망을 우주의 블랙홀과 개념적으로 연결 시켰다. 블랙홀처럼 욕망은 텅 빈 공허이지만 도무지 채울 수 없고 에너지 덩어리다. 욕망의 색깔도 블랙홀처럼 검다. 플라톤의 철학에서도 목우도의 그림에서도 욕망은 검게 표시된다. 욕망의 검은 색깔은 블랙홀처럼 그 심연을 들여다볼 수 없음을 뜻한다.

그렇지만 블랙홀과 달리 우리는 욕망을 직접적으로 경험할 수 있다. 또한 우리는 몇천 년 동안 욕망을 꾸준히 탐구해 왔다. 우리가 욕망의 심연을 분명하게 들여다보지 못하여 욕망의 정체를 분명하게 밝히지 못했지만 앞서간 철학자들이나 사상가들은 욕망의 주요한 특징들을 드러내었다.

그러면 우선 서양의 욕망담론은 욕망을 어떻게 보아 왔는가 살펴보자. 서양철학의 전통에서는 대체로 네 갈래로 욕망이 이해되어 왔다.

첫째로, 욕망을 결핍이나 공허로 이해하고 욕망의 충족을 결핍이나 공허를 채우려는 충동으로 파악하는 흐름이 있다. 이 흐름은 서양철학의 역사와 전통에서 주류라고 보아야 할 것이다. 이 흐름을 주도한 철학자와 사상가는 플라톤, 데카르트, 헤겔, 라캉, 사르트르 등이다. 이들 가운데 플라톤, 데카르트, 헤겔은 금욕주의의 전통에 속하는 철학자이다. 플라톤은 이성이 욕망을 지배하고 제어해야 한다고 주장함으로써 금욕주의의 선구자가 되었다. 데카르트는 이를 충실히 따랐다. 하지만 헤겔은 플라톤과 데카르트와는 달리 욕망을 정신이 자신을 실현하는 주요한 계기로 삼긴 했지만 욕망은 이성적으로 지양되어야 했다. 그리하여 헤겔도 금욕주의의 전통을 비켜가지 못했다. 라캉과 사르트르는 이성이 욕망을 지배하고 제어해야 한다고 애당초 생각하지도 않았다. 그들은 욕망을 철학의 중심무대로 올려놓고 인간 존재의 본질로 삼았다. 인간이 욕망의 실재인 대상 a에 결코 도달하지 못하기 때문에 욕망은 진정하게 충족될 수 없고 끝이 없다고 라캉은 보았다. 즉자(사물)이면서 대자(의식)이려고 하는 인간의 욕망은 대자일 수밖에 없고 즉자일 수 없는 인간의 존재 조건 때문에 불가능하다고 사르트르는 주장하였다.

둘째로, 욕망의 생산성과 창조성을 강조하려는 흐름이 있다. 이 흐름은 서양철학의 역사와 전통에서 비주류라고 보아야 할 것이다. 이 흐름을 주도한 철학자들은 스피노자, 니체, 들뢰즈 등이다.

이들 가운데 스피노자는 금욕주의의 전통에 가깝게 서 있다. 그는 욕망이 이성을 지배할 수 없는 것과 마찬가지로 이성이 욕망을 지배할 수 없다고 보았다. 더 나아가서 그는 욕망이 인간의 본질, 존재를 보존하려는 능동적 힘(conatus)이라고까지 생각했다. 이럼으로써 그는 욕망의 대상보다도 욕망에 초점을 두게 되었다. 욕망은 욕망의 대상이 결핍되어 있기 때문에 생기는 게 아니다. 그렇다면 욕망이 욕망의 대상을 생산할 수 있게 된다. 그럼에도 불구하고 그는 욕망이 이성에 근거해야 하며 이성의 지도를 받아야 한다고 주장했다. 이런 점에서 그는 서양철학의 금욕주의를 완전히 벗어난 건 아니었다.

스피노자보다 훨씬 노골적으로 서양철학의 금욕주의를 니체는 공격했다. 니체는 그의 첫 저작인 『비극의 탄생』에서부터 소크라테스와 플라톤의 금욕주의를 비판하였다. 소크라테스와 플라톤의 금욕주의와 주지주의는 권력에의 의지를 약화시켜 디오니소스적인 창조적 에너지를 고갈시켰다고 니체는 비판하였다. 니체는 욕망이라는 단어를 거의 사용하지 않았다. 하지만 권력에의 의지는 가치와 형식을 부여하는 힘으로서 욕망에 해당된다. 따라서 니체의 철학에서도 욕망이 가치를 생산하고 창조하는 힘이다.

들뢰즈는 니체를 좇아서 금욕주의를 통렬하게 공격하고 욕망의 생산성과 창조성을 강조하였다. 그는 욕망의 순수성을 확보하기 위해서 욕망과 욕구를 구별하였다. 욕망은 금지와 한계를 모르고 떠돌아다니는 에너지로서 생산적이다. 이와 반대로 욕구는 결핍으로 이해된다. 욕구가 대상의 결핍에 따라 사회적으로 조작되고 생산되지만 욕망은 생산적이고 생산이다. 이런 식으로 그는 욕망을 욕구보다 더 나은 것으로 보았다. 그런데 그는 분열증적 욕망에서 자본주의 사회의 한계를 돌파하는 출구를 보았다. 그러나 분열증적 욕망은 자본주의 사회의 한계를 돌파하는 출구가 아니라 자본주의 사회의 병리현상이자 또 다른 한계일 뿐이다.

셋째로, 욕망이 모방적 경쟁으로부터 생긴다고 보는 흐름이 있다. 이 흐름을 주도하는 사상가는 지라르이다. 지라르는 욕망의 자율성과 생산성을 강조하는 들뢰즈를 강하게 비판하였다. 욕망이 자율적이라고 보는 것은 낭만적 환상에 불과하며 욕망은 타자와의 관계에서 나온다고 지라르는 보았다. 그는 욕망을 욕망의 주체-모델(타자)-대상으로 형성되는 욕망의 삼각형에서 사유하였다. 주체가 선망하는 모델을 주체가 모방함으로써 주체와 모델이 같은 대상을 차지하려는 욕망이 생긴다고 그는 생각했다. 그렇기 때문에 욕망은 자율적이지도 생산적이지도 않다.

넷째로, 금기를 위반하려는 충동을 욕망으로 보는 흐름이 있다. 이 흐름은 바타이유에 의해서 주도되었다. 그는 금기를 위반함으로써 체험할 수 있는 짜릿한 쾌감, 즉 에로티즘에 욕망을 관련시켰다.

앞에서 제시한 서양의 욕망담론의 네 흐름은 각각 욕망의 주요한 특징을 잘 지적하고 있다. 그래서 현대사회의 욕망을 이해하는 데에 이 네 흐름은 상당히 도움이 된다.

우선 욕망을 결핍 또는 공허로 이해하는 흐름은 인간 존재의 형이상학적 역설을 분명하게 드러내 주었다. 인간의 욕망은 끝이 없고 결코 충족될 수 없음을 이 흐름은 분명히 보여 주었다. 인간 존재의 충만함은 결코 욕망에 의해서 가능하지 않다고 이 흐름은 암시했다. 욕망이 삶의 원동력이라고 하더라도 욕망이 삶의 전부일 수는 없다. 그런 점에서 인간이 욕망과 어떻게 사귀어 나가야 할지 이 흐름은 시사한다.

하지만 플라톤의 욕망담론에서 유래하여 이천여 년 동안 서양의 욕망담론을 지배해 왔던 로고스중심주의적 금욕주의는 분명히 그 폐해가 지적되어야 한다. 금욕주의는 부정적으로나마 욕망의 엄청난 힘을 인식하였던 사상이다. 그러나 이성과 의지에 의해 욕망을 지배하고 제어하려고 했던 점은 금욕주의의 과오가 아닐까. 금욕주의가 오늘날 자본주의 사회와 맞지 않다는 측면에서만 금욕주의가 비판되어야 할 것이 아니다. 금욕주의는 욕망을 억지로 억누름으로써 인간의 생명력을 위축시킨다는 측면에서도 비판되어야 한다.

과도하게 이성과 의지에 방점을 찍음으로써 욕망을 다스리려고 하는 금욕주의에 반발하고 저항한 사상적 경향이 두 번째 흐름이다. 이 흐름은 욕망의 생산성과 창조성에 초점을 둠으로써 인간에게 생명력과 활기를 불어넣을 수 있었다. 하지만 결핍이나 공허로 해석된 욕망의 의미를 이 흐름은 충분히 파악하지 못했을 뿐만 아니라 들뢰즈에 이르러서는 과도하게 욕망에 방점을 찍음으로써 이성과 영적인 힘을 간과하는 과오를 범했다.

세 번째 흐름은 욕망을 철저하게 타자와의 관계에서 생긴다고 간주하였다. 그런 점에서 현대사회에 나타나는 욕망의 일단을 적절하게 지적하였다. 예를 들어 오늘날 자주 나타나는 유행과 같은 현상이나 모방적 경쟁에서 야기되는 갈등과 폭력을 이 흐름은 잘 설명할 수 있을 것이다. 물론 욕망은 사회적 관계다. 그렇지만 과연 주체가 같은 대상을 주체의 모델인 타자와 함께 경쟁적으로 추구함으로써만 욕망이 생기는가? 욕망은 모델의 개입이 없어도 주체가 대상과 맺는 관계에서도 생길 수도 있고 욕망하는 주체의 결핍에서도 욕망은 생겨난다. 따라서 앞의 물음에 우리는 부정적으로 답할 수밖에 없을 것이다. 지라르는 인간적 욕망을 단순한 생리적 욕구로부터 분리시킴으로써 이 물음에 긍정적으로 답하려고 하였다. 그러나 인간에게 생리적 욕구 없이 인간적 욕망이 성립할 수는 없을 것이다.

네 번째 흐름은 금기와 위반의 긴장된 관계에서 욕망이 나온다고 보았다. 이 또한 현대사회에 나타나는 욕망의 일단을 잘 지적하였다.

예컨대 오늘날 영화와 예술, 컴퓨터게임, 시각디자인, 상품광고 등은 에로티즘에 기반을 둔다. 바타이유는 性이나 희생제의를 통해서 에로티즘을 해명하려고 하였기 때문에 욕망을 직접적으로 다룬 건 아니다. 그는 오로지 금기와 위반의 긴장된 관계에서 드러나는 광기와 에로티즘의 탐구에 충실했을 뿐이다. 그런 점에서 그의 욕망담론은 욕망의 정체를 밝히기에는 제한적이다.

서양의 욕망담론에서 그려 낸 욕망의 그림이 욕망의 전모를 다 밝혔다고 결코 말할 수 없을 것이다. 그럼에도 불구하고 우리가 생각해 낼 수 있는 욕망의 그림이 서양의 욕망담론에서 상당히 드러났다고 할 수 있다.

블랙홀의 심연에 직접적으로 우리가 다가설 수 없듯이 욕망의 심연에도 직접적으로 우리가 다가설 수 없다. 욕망의 심연에 우리가 빠져 버리면 우리는 이성이 마비되어 이성의 언어로 욕망을 그려 내기가 불가능하다. 그렇다고 해서 우리가 욕망을 신비화할 필요는 없다. 우리는 늘 욕망을 경험하면서 살고 있다. 게다가 우리는 이성이나 영적인 능력을 경유해서 욕망에 접근할 수 있다. 이성이나 영적인 능력도 욕망처럼 생명에 뿌리를 두기 때문에 이성이나 영적인 능력은 욕망과 서로 통하기 때문이다.

동양의 욕망담론은 서양의 욕망담론처럼 그 주류는 금욕주의다. 동양의 욕망담론도 욕망을 기본적으로 죄악시하였고 위험시하였다. 유교의 욕망담론이 그렇고 불교의 욕망담론이 그렇다. 유교의 욕망담론에서나, 불교의 욕망담론에서나 욕망을 긍정적으로 보려는 흐름이 있었지만 그런 흐름은 주류가 아니었다. 도교의 욕망담론에서는 초기에는 욕망의 방임이 주장되다가 노장사상에 이르러서는 욕망이 죄악시되고 위험시되었다. 하지만 노장사상의 핵심은 무위자연이므로 불교와 유교와는 달리 욕망과의 인위적 싸움은 노장사상에서는 드러나지 않는다. 노장사상 이후에는 도교는 불로장생이나 방중술에 의한 성적 쾌락을 추구함으로써 욕망을 긍정적으로 보았다. 아무튼 전체적으로 보면 동양의 욕망담론도 그 주류는 금욕주의라고 말할 수 있겠다.

서양의 욕망담론 주류는 이성과 의지에 의해 욕망을 지배하고 제어하려는 로고스중심주의를 지향한다. 그래서 서양의 욕망담론 주류에서는 이성과 욕망의 치열한 싸움이 대두되고 이성이, 즉 logos가 강조된다. 하지만 동양의 욕망담론 주류에서는 이성과 욕망의 치열한 싸움이 전개되지도 않고 이성이 강조되지도 않는다. 그 대신에 동양의 욕망담론 주류에서는 인간의 영적인 능력이나 인격수양이 강조된다.

동양의 욕망담론에서도 욕망의 다양한 모습이 묘사되지만 식욕과 성욕, 부·권세·명예를 향한 욕망 등이 주로 거론된다. 또한 "욕망은 어떤 고정된 형식이 없이 때와 장소 그리고 상황에 따라 갖가지로 펼쳐질 수 있다"[134]고 동양의 욕망담론에서 이미 통찰되었다. 서양의 욕망담론과는 달리 욕망을 결핍으로 해석하는 견해를 동양의 욕망담론이 분명하게 드러내는 건 아니다. 그렇지만 불교에서는 갈애(tanhā)를 결핍으로 이해했다. "욕망은 결핍으로 경험되고, 근심과 동요를 낳으며 …… 구원은 아무것도 결핍되지 않은 충만한 현재에서만 가능하다."[135] 다만 불교에서는 대상의 결핍이 욕망을 촉발하는 게 아니라 욕망 자체가 결핍이다. 순자도 자기 속에 없는 것을 반드시 밖에서 구한다(苟無之中者 必求於外)고 하였다. 따라서 순자도 욕망을 결핍

---

134) 이강수 외, 『욕망론』, 경서원, 1995, p.22.
135) 앞의 책, p.62.

으로 이해한 셈이다. 이런 점에서 서양의 욕망담론 주류는 동양의 욕망담론 주류와 상통하는 바가 있다.

동양의 욕망담론은 서양의 욕망담론과 달리 이성, 즉 logos에 호소하여 욕망과 맞닥뜨리기보다는 인격수양을 강조하였다. 물론 동양의 욕망담론에서도 理가 강조되긴 했지만 理가 서양의 로고스로 환원될 수도 없고 理는 깨달음에 의해 체득될 수 있을 뿐이다. 깨달음은 사색을 통해서뿐만 아니라 부단한 인격수양이나 영적인 능력을 통해서 체득될 수 있다. 그러므로 동양의 욕망담론은 로고스중심주의가 될 수 없으므로 이성과 욕망의 치열한 싸움도 드러내지 않는다. 공자는 분수를 지켜서 만족할 것을 권했고 맹자는 호연지기를 기를 것을 권했다. 노자는 인간의 자연스러운 본성으로 돌아가 순박한 삶에 만족하라고 가르쳤다. 장자는 인간의 자연스러운 본성으로 돌아가기 위해서 마음을 비우고 욕망을 잊어버릴 것을 권했다. 이와 같이 욕망에 대처하는 방식은 동양의 욕망담론이 서양의 욕망담론보다 훨씬 폭이 넓었다.

서양의 욕망담론이 현대사회에 나타나는 욕망의 여러 양상을 이해하는 데에는 동양의 욕망담론보다 더 뛰어난 듯이 보인다. 하지만 동양의 욕망담론은 욕망과 사귀어 나가는 데에는 서양의 욕망담론보다 오히려 더 뛰어난 듯이 보인다. 동양의 욕망담론은 이성보다 정서적이고 영적인 능력을 더 강조하기 때문이다. 게다가 동양의 욕망담론은 구체적인 수행의 방법까지도 제시하였다.

자본주의 사회는 몸과 욕망을 먹고 산다. 몸과 욕망이 이윤을 추구하고 극대화하는 영역이자 자본을 축적하는 터전이기 때문이다. 그래서 몸과 욕망이 자본주의 사회에서는 새로운 의미를 띤다. 자본주의 사회 이전에는 몸은 영혼에 비해서, 욕망은 이성에 비해서 천시되었을 뿐만 아니라 욕망은 몸과 긴밀한 관련이 있다고 여겨졌다. 자본주의 사회에 이르러서는 기업은 상품을 판매하기 위해서 소비자의 욕망을 부추기고 새로운 욕망을 조작하기 위해서 광고를 한다. 이때 광고는 몸의 에로티즘을 매개로 이루어진다. 자본주의 사회에서 이렇게 강조되는 몸과 욕망을 소비자 대중은 피할 길이 없다. 이와 함께 몸과 욕망을 강조하는 철학과 사상도 자연스럽게 득세한다.

금욕주의에 의해서 몸이 천시되고 욕망이 억압되었기 때문에 몸이 복권되고 욕망이 해방될 필요가 있을 것이다. 그러나 자본주의 사회에서 몸의 복권과 욕망의 해방이 마냥 바람직할까? 자본주의 사회에서 몸의 복권은 쾌락을 추구하고 욕망을 충족하는 수단이지 양생(養生)의 관점에서 이루어지는 게 아니다.

오늘날 몸은 자본주의 욕망 기계에 들볶이고 환경오염에 시달리고 있다. 그리하여 몸은 자연과 너무 멀어졌다. 예컨대 성적인 오르가즘은 그 대표적인 경우이다. 본래 몸은 자연스럽게 성적인 오르가즘을 느낄 수 있다. 그러나 몸이 여러모로 들볶이고 시달리다 보니 몸이 성적인 오르가즘을 자연스럽게 느낄 수 없게 되었다. 「숏버스」와 같은 영화는 성적인 오르가즘을 느끼지 못해 몸부림치는 사람들의 이야기를 다루었다. '숏버스'란 스쿨버스를 타고 등교할 수 없는 장애아를 가리키는 용어로서 성적인 장애를 가진 사람들을 의미한다. 『숏버스』에 등장하는 인물 가운데 섹스치료사인 소피아는 남의 섹스문제를 상담하고 진료하지만 정작 자신은 남편과의 섹스에서 오르가즘에 도달하지 못한다. 소피아는 오르가즘에 도달하기 위해 진동기를 사용하지만 여의치 않다. 소피아처럼 성적인 오르가즘에 도달하지 못하거나 성적으로 어딘가 부족한 사람들이 이 영화에서는 주로 등장한다.

그들은 남성을 학대함으로써 남성의 오르가즘을 깨우려는 세브린, 소피아와 마찬가지로 오르가즘을 느끼지 못하는 그녀의 남편, 동성연애에 어딘가 만족하지 못하는 제임스와 제이미 등이다. 이들은 비밀스러운 섹스클럽 '숏버스'에서 만나 서로 고민을 털어놓고 우정과 사랑을 나누면서 오르가즘의 향연에 빠져든다. 『숏버스』는 대강 이런 내용이다. 여성과 남성이 오르가즘에 도달하지 못해 안달하고 고민하는 이와 같은 영화들은 많이 만들어졌다. 이와 같은 영화가 많이 만들어졌다면 이는 우리가 성적인 오르가즘을 자연스럽게 느끼지 못함을 의미한다. 우리가 성적인 오르가즘을 자연스럽게 느낄 수 없다면 우리는 몸의 생명력이 약화되었다고 할 수 있을 것이다.

욕망은 생명에 기원을 두고 있다. 욕망을 억누르는 것은 분명히 생명력을 약화한다. 그렇지만 자본주의 사회에서 욕망의 과도한 강조는 인간의 생명력을 강화하는 게 아니다. 이성에 과도하게 중점을 두는 금욕주의와 마찬가지로 자본주의 사회에서 전개되는 욕망의 해방도 도리어 인간의 생명력을 약화할 수 있다. 욕망은 자본주의 사회에서 문화와 산업의 발전에 분명히 이바지해 왔다. 그렇지만 욕망은 생태계의 위기를 초래하는 주범일 수 있다. 그리고 오늘날 생태계의 위기라는 불똥이 인류의 발등에 떨어졌음을 우리는 잘 알고 있다. 그렇다면 욕망에 과도하게 중점을 두는 자본주의 사회의 욕망 해방은 재고되어야 할 것이다.

금욕주의도, 자본주의 사회에서 전개되는 욕망의 해방도 더 이상 현실적으로 바람직하지 않다면 우리는 욕망과 잘 사귀어 나갈 수밖에 없을 것이다. 이 글에서는 욕망과 잘 사귀어 나가기 위한 확실한 대안은 제시할 수 없다. 미래에 욕망이 어떤 꼴로 나타날지 아무도 예측할 수도 없고 욕망의 정체도 블랙홀처럼 드러나지 않을 것이기 때문이다. 그렇다고 하더라도 욕망과 잘 사귀어 나가기 위하여, 즉 욕망의 형이상학을 위하여 몇 가지 제안은 던져 볼 수 있을 것이다.

1) 욕망을 결핍이나 공허로 우선 이해하라

욕망은 형이상학적이고 사회적 개념이고 블랙홀은 물리학적 개념이다. 그럼에도 불구하고 서두에서 본인은 욕망을 블랙홀과 개념적으로 연결시켰다. 욕망을 블랙홀에 비유하는 것이 욕망을 불이나 그 밖에 다른 것에 비유하는 것보다 더 적절하게 보이기 때문이다.

욕망은 블랙홀처럼 모든 것을 빨아들이고 집어삼킨다. 하지만 블랙홀처럼 욕망은 결코 채워지지 않는 어두운 심연이자 결핍, 공허이다. 물질이 블랙홀에 빠져들면 이성의 법칙이 무너지듯이 욕망의 늪에 사람이 빠지면 이성은 마비된다. 게다가 욕망은 블랙홀처럼 에너지 덩어리로서 생산적이기도 하다. 우리가 욕망을 블랙홀과 연결시킬 때 욕망과 블랙홀의 개념적 유사성 가운데 가장 중요한 것이 결핍이나 공허이다.

동서양의 전통적 욕망담론은 욕망을 결핍이나 공허로 이해했다. 들뢰즈 같은 철학자는 결핍이나 공허로 이해된 욕망의 개념을 비판하고 욕망의 생산성을 강조하였다. 하지만 이는 옳지 않다. 욕망이 결핍이나 공허이므로 욕망은 일정한 꼴이 없고 상황에 따라서 여러 가지 꼴로 나타날 수 있는 법이다. 자본주의 사회에서 살아가는 많은 사람들이 느끼는 공허감도 욕망의 이러한 특징에 연유한다고도 할 수 있다. 블랙홀처럼 욕망의 결핍이나 공허는 결코 채워질 수 없으므로 욕망이 소용돌이칠 때마다 사람들은 공허감을 느낄 수밖에 없을 것이다. 욕망이 결핍이나 공허이기 때문에 우리가 마음을 비울 수도 있을 것이다.

2) 욕망을 부정적으로 보지 말고 긍정적으로 보라

욕망은 생명에 기원을 두고 있으며 삶의 원동력이다. 따라서 욕망의 부정은 생명력의 약화로 이어질 수 있다. 욕망은 이성이 억지로 누른다고 해서 욕망이 사라지는 것도 아니고 이성이 욕망을 지배할 수 있는 것도 아니다. 파스칼이 『팡세』에서 이미 지적한 대로, 이성이 욕망과 싸워 욕망을 이길 수 없다. 이성이 욕망과 싸워 이기려고 한다면 그것은 도리어 무리한 일이 될 것이다. 그렇다고 해서 욕망의 맹목적인 힘에 휘둘리는 삶도 바람직하지 않다. 그렇다면 우리는 욕망과 잘 사귀어 나가는 쪽을 선택해야 한다. 그러므로 욕망과 잘 사귀어 나가기 위해서는 우리는 욕망을 부정적으로 보아 싸워 나갈 것이 아니라 욕망을 긍정적으로 보아야 한다.

이미 동서양의 고대에서도 이따금 욕망을 긍정적으로 보려는 시도가 있었지만 이러한 시도들은 큰 영향을 끼치지 못했다. 그러나 17세기에 스피노자는 욕망을 인간의 본질로 간주하여 금욕주의에 정면으로 선전포고 하였다. 욕망을 죄악시하여 이성에 의하여 욕망을 억지로 제압하려는 시도가 무모한 일임을 그는 충분히 인식하였다. 19세기에 니체는 소크라테스와 플라톤의 금욕주의에 맹공을 가하였다. 심지어 20세기 초에는 강단철학의 내부에서도 금욕주의에 대한 반발이 나왔다. 철학적 인간학을 창시한 막스 셸러도 금욕주의는 바람직하지 않다고 지적하였다.[136] 들뢰즈를 위시한 니체의 20세기 후예들도 일제히 금욕주의를 성토하고 욕망을 긍정적으로 보아야 한다고 주장했다.

20세기에 들어서면 철학자가 아닌 사람들도 이러한 흐름에 가세하였다. 정신의학자 빌리 파시니는 욕망의 중요성을 다음과 같이 말했다. "욕망의 중요성을 새롭게 인식하고, 욕망이 우리 사회에서 본질적이고 긍정적인 역할을 되찾도록 하는 것은 우리에게 절대적으로 필요 불가결하다는 점이다. …… 욕망이 없다면 삶은 물이 말라 버린 강바닥일 뿐이다. 여기에 욕망의 힘을 이해하고자 하는 중요한 이유가 있다."[137] 춤꾼 키머러 라모스는 욕망 안에서 지혜를 찾기를 권유했다. "실제로 욕망 안에는 지혜가 있다. …… 몸이 곧 자신을 만드는 움직임이라고 인식할 때 우리는 욕망 안에서 지혜를 찾고 그 지혜를 믿으며 따라 움직일 수 있게 될 것이다."[138] 이 밖에도 오늘날의 많은 철학자, 사상가, 예술가, 과학자들이 욕망의 힘을 긍정적으로 보았다. 그렇지만 여기서는 일일이 다 언급하지 않겠다.

---

136) 막스 셸러, 『우주에서 인간의 지위』, 진교훈 옮김, 아카넷, 2001, p.115 이하.

137) 빌리 파시니, 『욕망의 힘』, 이옥주 옮김, 에코리브르, 2006, p.13.

138) 키머러 라모스, 『몸, 욕망을 말하다』, 홍선영 옮김, 생각의 날개, 2009, p.8.

3) 쾌락을 추구하는 몸의 욕망을 삶의 기쁨, 즐거움으로 이어지는 생명의 욕망으로 전환하라

森岡正博은 『무통문명론』에서 욕망을 삶의 에너지로서 긍정적으로 보면서도 욕망을 몸의 욕망과 생명의 욕망으로 나누었다. 고통을 피하고 쾌락과 안락한 생활을 추구하는 문명을 무통문명이라고 그는 불렀다. 그리고 이 무통문명을 움직이는 원동력이 몸의 욕망이라고 그는 통찰했다. 몸의 욕망은 다음과 같은 특성을 지닌다. ① 쾌락을 구하고 고통을 피한다. ② 현상유지와 안정을 도모한다. ③ 틈만 나면 확대 증식한다. ④ 타인을 희생으로 삼는다. ⑤ 인생, 생명, 자연을 관리한다.[139] 따라서 몸의 욕망은 인간으로부터 삶의 기쁨을 빼앗는다.

이와 같은 특성을 지닌 몸의 욕망은 점점 새롭고 자극적인 미개척의 영토를 개척하면서 무한히 확장해 나가는 운동을 자본주의 사회에 조응해서 좇아간다. 그리고 이 욕망은 우선 자연을 지배하여 착취하려는 도구적 이성과 결탁한다. 더 나아가서 이 욕망은 인간의 안락한 삶을 위해 자연을 관리하려는 이성과 결탁한다. 이리하여 후기 자본주의 사회에 들어서면 인간의 욕망은 인간이 자연을 지배하는 단계를 넘어서 인간이 자연을 관리하는 단계로 나아간다고 『무통문명론』의 저자는 보았다.

그렇지만 몸의 욕망에 대하여 생명의 욕망이 도사리고 있다. 생명의 욕망은 고통이나 곤란과 정면으로 대결하여 자기를 해체하고 새로운 자기로 변용, 재생하려는 욕망이다. 생명의 욕망에서는 쾌락이

---

139) 森岡正博, 『無痛文明論』, トランスビュー, 2003, p.12 이하.

아니라 생명의 기쁨, 즐거움이 나올 수 있다. 생명의 기쁨, 즐거움은 쾌락이나 성취감과는 달리 내가 얻으려고 해서 얻을 수 있는 건 아니다. 그것은 괴로움과 사귀어서 나를 변용해 가는 가운데 예기치 않게 나에게 찾아온다.

생명의 기쁨, 즐거움을 가져오는 생명의 욕망이야말로 무통문명을 움직이는 몸의 욕망을 넘어설 수 있다고 『무통문명론』의 저자는 주장한다. 그러면 어떻게 몸의 욕망을 생명의 욕망으로 바꿀 것인가? 몸의 욕망은 그 힘이 막강하기 때문에 우리는 몸의 욕망과 정면으로 대결해서는 몸의 욕망을 이길 수 없다. 하지만 신체의 욕망과 생명의 욕망은 그 뿌리가 같다. 그렇기 때문에 달리는 기차의 궤도를 전철(轉轍)하여 바꾸듯이 우리가 몸의 욕망을 유도해서 그 에너지의 궤도를 바꾸면 몸의 욕망을 생명의 욕망으로 전환할 수 있다고 그는 주장했다. 여기서 우리가 유의해야 할 점은 욕망의 이러한 전환은 프로이트적인 의미의 승화가 아니라는 것이다. 프로이트적인 의미의 승화는 욕망을 억압하므로 욕망의 에너지를 손상시킨다. 그런데 욕망의 이러한 전환에서는 욕망의 에너지가 그대로 보존된다. 이와 같이 그는 자본주의 사회라는 틀보다 더 큰 문명의 틀에서 욕망을 생각하였다.

森岡正博의 『무통문명론』은 편하고 안락한 삶을 추구하는 일본사회를 겨냥하고 있는지 모른다. 이를테면 일본의 젊은이들은 요즘 편하게 살려고만 한다는 비판이 일본사회 내부에서 나오고 있는 실정이다. 그런데 한국사회도 이러한 비판으로부터 벗어나지 않을 것이다.

그가 『무통문명론』에서 몸의 욕망을 극복할 것을 주장함으로써 몸을 천시하고 욕망을 부정하는 것처럼 보인다. 그의 『무통문명론』은 동서양의 전통적 금욕주의와 결국 다를 바 없지 않은가라는 의문도 생겨난다. 하지만 그는 욕망에 맞서 채찍을 들지도 않았고 몸의 욕망을 억누르기보다는 생명의 욕망으로 유도하여 욕망의 에너지를 보존하려고 했다. 그런 점에서 그는 동서양의 전통적 금욕주의와는 다른 길을 제시하였다.

하지만 몸의 욕망을 생명의 욕망으로 변환하기 위해서 고통을 받아들여 자기를 해체하고 새로운 자기로 변용하라는 그의 제안은 보통 사람이 실천하기 힘들고 고답적이다. 욕망과 잘 사귀기 위해서는 좀 더 현실적인 방안을 우리는 찾아야 할 것이다. 그 방안은 다음 절에서 제시하겠다.

아무튼 그가 『무통문명론』에서 주장하는 생명의 욕망은 결코 새로운 것은 아니다. 그것은 이미 고대 동서양의 지혜에서 찾아볼 수 있다. 예를 들어 『황제내경』에 이러한 생각의 단초가 분명히 들어 있다. 上古의 사람들은 나이가 백 살이 되어도 기력이 쇠잔하지 않았는데 어찌하여 오늘날의 사람들은 반백의 나이에도 기력이 쇠잔하는가라고 황제는 기백에게 물었다. 기백은 "오늘날의 사람들은 …… 쾌락에 빠져서 삶의 즐거움을 거스르고 기거에 절도가 없기(務快其心 逆於生樂 起居無節) 때문입니다"[140]라고 대답하였다. 이어서 그는 "마음을 비워서 담담하면 진기가 순조롭게 따르고 정신이 안으로 지켜져서(恬惔虛無 眞汽從之 精神內守) 병이 찾아오지 않습니다"[141]라고 덧붙였다. 황제내경은 단순한 의학 서적이 아니다. 황제내경은 생명을 보존하고 가꾸어 나가려는 양생의 도교철학이 그 바탕에 깔려 있다. 생명력의 확충을 통해서 건강을 도모하자는 것이 황제내경의 취지이고 생명력

---

140) 洪元植 譯, 『皇帝內經素門』, 傳統文化硏究會, 2003, p17. 번역을 조금 고쳤다.
141) 앞의 책, p19. 번역을 조금 고쳤다.

을 확충하기 위해서는 자연과 조화롭게 살고 마음을 비워야 한다는 가르침을 주고 있다.

우리가 몸의 욕망을 없앨 수 없으니 생명의 욕망으로 변환하라는 가르침은 생태계의 위기가 날로 심각해지는 이 시대에 절실하지 않을까? 그런 점에서 생명의 욕망이 단순히 개인의 차원에서만 강조되어야 할 게 아니라 문명의 차원에서도 강조되어야 할 것이다.

4) 영적인 능력을 통하여 마음을 비우고 삶의 중심을 잡아 나가라

어쩌면 인간은 본래 욕망에 흔들리는 존재가 아닐까. 독실한 기독교 신자인 파스칼도 『팡세』에서 인간은 생각하는 갈대라고 말하였다. 여기서 갈대라는 표현은 인간은 신이 아닌 다음에야 연약하고 이리저리 흔들리는 존재일 수밖에 없다는 뜻을 지닌다. 오늘날 자본주의 사회의 온갖 유혹이 없더라도 인간은 욕망에 흔들리며 살아갈 수밖에 없는 존재가 아닌가.

자본주의 사회 이전에도 사람들은 욕망에 흔들렸고 욕망 때문에 고민했다. 기독교의 『신약성서』나 불교의 『법화경』은 이를 잘 말해 준다. 예수는 제자들에게 금욕적인 생활을 훈계했고 그들이 금욕적인 생활을 하지 못할 바에야 차라리 말썽을 부리는 물건을 잘라 버리라고 권유하기까지 하였다. 석가는 욕망을 불에 비유하고 욕망의 불을 끄기를 중생들에게 설법하였다. 오늘날 자본주의 사회란 기독교의 시선으로 보자면 소돔과 고모라 같을 것이고 불교의 시선으로 보자면 온통 불이 붙어 쓰러지는 위태로운 집과 같을 것이다.

그러니 오늘날 자본주의 사회에서 사람들이 어찌 욕망과 쾌락에 흔들리지 않고 살아갈 수 있겠는가? 그들은 욕망의 소용돌이에 휩쓸려 공허감, 허영심, 좌절감, 박탈감 등을 실시간으로 뼈저리게 체험하면서 살아간다. 온갖 유혹이 도사리고 있는 자본주의 사회에서는 이성이란 망망대해에 풍랑을 맞이한 조각배처럼 위태롭기 짝이 없을 것이다. 우리는 이성의 힘만으로 욕망의 소용돌이를 헤쳐 나갈 수 없다. 따라서 영적인 도움이 새삼스럽게 요청된다.

우리는 어차피 흔들리며 살아가는 갈대다. 그러니까 우리는 욕망에 흔들리는 삶을 두려워하거나 부끄러워할 필요는 없다. 욕망에 흔들리며 살아가라. 욕망의 동요를 즐겨라. 그렇지만 욕망에 흔들리면서도 삶의 중심을 잡아 나가라. 이때 영적인 능력이 필요하다. 우리가 마음을 비우고 영적으로 거듭남으로써 욕망에 흔들리더라도 삶의 중심을 잡아 나갈 수 있기 때문이다.

삶의 중심을 잡아 나가는 일을 태극권에 비유해 보자. 태극권에서는 몸이 움직이더라도 몸의 중심이 잡히려면 몸이 뻣뻣해서는 안 되고 몸이 느슨해야 한다. 몸이 느슨하다는 것은 몸이 흐느적거린다는 것을 뜻하지 않는다. 몸에 힘이 들어가지 않고 부드럽고 자연스러워야 몸이 움직이더라도 몸의 중심이 잡힐 수 있다. 그런데 태극권에서 몸은 기(氣)로 움직이고 기는 마음으로 움직인다. 그렇게 함으로써 태극권의 여러 자세와 동작에서 단전에 기가 가라앉고 몸의 중심이 잡힐 터이다. 그렇다면 몸과 기보다는 마음이 중요하다. 여기서 마음이란 마음의 영적인 능력을 뜻한다. 따라서 마음의 영적인 능력이 몸의 중심을 잡아 나가는 열쇠이다. 삶의 중심을 잡아 나가는 일도 마찬가지다.

욕망의 블랙홀에 빠져 헤어나지 못하는 사람들은 이러한 삶의 방황을 끝장내기 어렵다고 생각한다. 그리고 마음을 비우는 일이 대단히 고상하고 어려운 일이라고 사람들은 흔히 생각한다. 그러나 우리가 욕망의 블랙홀에 빠져 방황하다가도 문득 '이게 나의 삶이 아니야'라든가 '이건 나의 모습이 아니야'라는 생각이 든다. 바로 이때가 마음을 비울 수 있는 때이다. 마음을 비우는 일은 우리 곁에, 우리 안에 있다.

5) 욕망이 사회적으로 생산되고 변형되는 메커니즘을 파악하라

욕망은 본래 꼴도 크기도 일정하지 않고 방향도 구체적으로 정해져 있지 않다. 또한 욕망은 본래 일정한 대상도 없다. 욕망의 구조는 생활여건에 따라 달라지며 시대와 상황에 따라서 욕망이 생산되고 충족되는 방식도 달라진다.

그러면 오늘날 무엇이 욕망을 사회적으로 생산하고 규정하는가? 자본의 논리, 디지털미디어 기술이 욕망을 생산하고 규정한다. 따라서 오늘날 우리의 욕망은 저절로 생긴 것이 아니라 마케팅이나 상품의 선전과 광고, 대중매체 등에 의해 길들여지는 셈이다. 바꿔 말하자면 자본주의 욕망기계가 쳐 놓은 욕망의 덫에 걸려 허우적거리고 있는 셈이다.

그러나 자본주의 욕망기계가 쳐 놓은 욕망의 덫에 우리가 허우적거리는 것은 결코 바람직하지 않다. 우리는 이 욕망의 덫으로부터 벗어나려고 노력해야 한다. 이런 욕망은 소유하고 소비하고 파괴하는 욕망, 쾌락을 추구하는 몸의 욕망이지 타자도 살리고 나도 살리는 욕망, 생명의 욕망이 아니기 때문이다. 우리가 욕망과 잘 사귀어 몸의 욕망을 생명의 욕망으로 전화하려면 욕망이 사회적으로 생산되고 변형되는 메커니즘을 알아야 한다.

그러면 오늘날 욕망이 사회적으로 생산되고 변형되는 메커니즘이 무엇일까? 자본주의 사회에서 욕망이 생산되고 변형되는 메커니즘은 이윤의 추구나 이윤의 극대화에 기반을 둔다. 한마디로 말하자면, 이 메커니즘은 돈벌이에 기반을 둔다. 오늘날 우리가 소비하는 모든 상품은 기업에 의해 생산된다. 기업은 당연히 상품의 매출을 많이 늘려야 돈을 많이 벌 수 있다. 기업이 상품의 매출을 늘리기 위해서는 소비자의 마음을 사로잡아야 한다. 기업이 소비자의 마음을 사로잡기 위해서는 새로운 기술로 새로운 상품을 만들어 소비자의 호기심을 자극해야 할 뿐만 아니라 광고와 선전을 통하여 소비자의 욕망을 불러일으켜야 한다.

소비자의 호기심을 자극하고 소비자의 욕망을 불러일으키는 일은 오늘날 주로 대중매체의 광고와 선전에 의하여 이루어진다. 게다가 미디어는 그 자체가 호기심과 욕망을 불러일으킨다. 하지만 신문, 잡지 등의 문자매체나 라디오, 텔레비전 등의 방송매체와 같은 낡은 미디어뿐만 아니라 컴퓨터, 모바일 폰과 같은 새로운 미디어도 소비자의 호기심을 자극하고 소비자의 욕망을 불러일으키는 광고와 선전을 내보낸다. 특히 모바일 폰에서 인터넷이 가능해짐으로써 우리는 언제 어디서나 실시간으로 광고와 선전을 접할 수 있게 되었다. 다시 말하자면 우리는 광고와 선전의 홍수 속에서 일상적으로 늘 광고와 선전

속에서 광고와 선전에 무감각해지거나 무관심해질 수 있다.

그럼 어떻게 상품의 광고와 선전이 소비자의 관심을 끌 수 있겠는가? 바로 그 열쇠는 에로티즘이다. 에로티즘을 자극하여 소비자의 성감에 호소하는 광고와 선전만큼 효과적인 광고와 선전은 없을 것이다. 성욕이란 인간의 가장 강렬하고 끈질긴 욕망이기 때문이다.[142] 그러므로 기업은 상품의 디자인에서뿐만 아니라 상품의 광고와 선전에서도 에로티즘을 강조하게 된다. 물론 19세기에도 에로티즘이 상품의 판매에 이용되긴 했다. 하지만 그런 일은 백화점과 같은 한정된 공간에서 이루어졌을 뿐이다. 20세기 말부터 온라인이나 오프라인을 막론하고 상품의 세계는 물론 광고와 선전도 온통 에로티즘으로 도배되었다.

기업이 이윤을 극대화하기 위해서 오늘날 집중하는 일은 또한 브랜드 만들기라는 마케팅 전략이다. 20세기 중반에 들어서면 기업들은 단순히 상품을 광고하고 선전하거나 가격을 인하하여 상품의 판매량을 늘리려고 하는 게 아니라 마케팅 전략을 통하여 브랜드를 만들기에 주력하기 시작했다. 그리하여 기업의 마케팅은 단순히 상품에 대한 소비자의 욕망을 불러일으키려는 게 아니라 브랜드를 통해서 소비자에게 환상적 체험을 주려고 한다. 오늘날 마이크로소프트, 구글, 애플, 스타벅스, 맥도날드, 리바이스, 디즈니랜드 등은 기업의 명칭일 뿐만 아니라 브랜드이다. 브랜드는 더 이상 "제품이 아니라 라이프스타일이며, 몸가짐이고, 가치기준이자 스타일이며, 사고방식"[143]이다.

---

142) 오늘날 포르노산업의 번성은 이를 잘 입증한다.

143) 나오미 클라인, 『슈퍼 브랜드의 불편한 진실』, 이은진 옮김, 살림Biz, 2010, p.80. 이 책은 본래 反기업 운동을 위한 보고서이자 브랜드의 휘황찬란한 빛에 가려진 어둠을 드러내는 책이다. 하지만 이 책은 브랜드와 욕망의 관계를 다룬 책으로서도 읽힐 수 있을 것이다.

기업은 브랜드 만들기라는 마케팅 전략을 통하여 소비자들에게 브랜드 이미지를 심어 브랜드에 대한 소비자의 열광을 이끌어 내었다. 기업은 환상적 체험뿐만 아니라 환경보호, 남녀평등, 인종평등, 인권 신장이나 심지어는 계급투쟁이나 혁명과 같은 진보적 이미지도 브랜드 이미지에 끌어들였다. 그리하여 급기야는 브랜드가 대중문화를 점령해 버렸다. "무엇보다도 직접적으로 나타나는 현상은 더 이상 순수한 문화 공간은 찾아볼 수 없게 되었다는 것이다."[144] 그래서 오늘날 우리의 욕망도 브랜드 이미지의 영향을 크게 받게 되었다.

오늘날의 욕망은 기술의 영향도 크게 받는다. 기술은 소비자의 생활감각, 사고방식은 물론 욕망구조에도 충격을 준다. 하지만 오늘날처럼 기술이 우리의 욕망에 큰 영향을 준 적이 일찍이 없었다. 예컨대 애플과 구글의 스마트 폰 전쟁은 이를 잘 말해 주고 있다. 새로운 디지털 미디어 기술이 선보일 때마다 소비자들은 미친 듯이 환호하고 새로운 기술의 제품을 사기 위해 밤새워 줄을 서기를 주저하지 않는다. 오늘날의 디지털 미디어 기술은 급속하게 발전할 뿐만 아니라 환상적인 체험을 할 기회를 우리에게 준다..

오늘날 소비가 중시됨으로써 브랜드 이미지 이외에도 소비자의 관심을 끌기 위한 여러 가지 마케팅 기법이 이용된다. 백화점 매장은 매출이익에 따라 대체로 구성된다. 백화점의 1층은 대체로 번쩍거리는 보석과 시계를 파는 매장이 자리 잡는다.[145] 보석과 시계를 파는 매장은 매출이익이 높을 뿐만 아니라 고급스럽고 신선한 인상을 주기 때문이다. 매장도 소비자의 관심을 끌어 매출을 늘리기 위해 구성

---

144) 앞의 책, p.109.
145) 서윤영, 『건축, 권력과 욕망을 말하다』, 궁리, 2009, p.55.

되듯이 소비자가 자신도 모르게 손을 내밀어 상품을 사도록 상품도 진열된다. 동네 마트만 가 봐도 마트의 정문에 진열된 신선한 과일과 야채를 우리는 목격할 수 있다. 소비자는 마트의 정문에 진열된 과일과 야채의 신선한 인상에 영향을 받아 상품을 더 많이 사게 된다.

그뿐만이 아니다. 도시 자체가 욕망의 거대한 블랙홀이자 욕망을 달구는 용광로다. 밤이면 도시의 거리는 불야성을 이루고 이 거리에는 많은 사람들로 흥청망청 북적댄다. 도시에는 사람들이 욕망하는 것들이 풍부하다. 특히 밤에는 더 그렇다. 백화점, 음식점, 술집, 노래방, 모텔, 안마시술소, 나이트클럽 등의 현란한 불빛이 돈을 벌기 위해 사람들을 유혹한다. 이렇게 보면 우리의 욕망은 저절로 만들어지는 것도 아니고 하늘에서 주어지는 것도 아니다. 그것은 자본주의 욕망기계에 의해 주조된다고 보아야 할 것이다.

가상현실 속의 욕망도 마찬가지다. 특히 오늘날 기록욕망은 과거와 비교할 수 없을 정도로 증폭되었다. 기업이나 기관은 수익창출이나 고객관리를 위해서 인터넷에 접속하여 로깅하는 고객의 정보를 무차별적으로 수집한다. 위치정보도 돈이 되기 때문에 샅샅이 기록되고 저장된다. 개인도 소셜 네트워킹을 통해서 자신의 감정, 행위, 의견을 일일이 기록한다. 이러한 기록욕망은 디지털미디어 기술에 의해 촉발되고 증폭되었다.

위의 제안들이 충분하다고 생각하지는 않는다. 하지만 이성에 중점을 두는 욕망담론이나 욕망에 중점을 두는 욕망담론과는 다른 길을 위의 제안들이 열어 줄 수 있다고 생각한다.

맺음말

이 글의 목적은 욕망을 폭넓게 이해하여 욕망과 잘 사귀어 나갈 수 있는 길을 찾으려는 데 있다. 이 목적을 달성하기 위해서 이 글에서 동서양의 욕망담론을 살펴보았고 자본주의 사회에서 나타나는 욕망의 양상과 가상현실 속의 욕망을 탐구하였고 마지막으로 욕망의 형이상학을 위해 몇 가지 제언을 내놓았다.

서양의 욕망담론에서는 금욕주의가 논란거리가 되었다. 금욕주의란 이성과 의지에 의해 욕망을 지배하고 정복하려는 사상이다. 좀 더간단히 말하면 금욕주의는 이성의 과도한 지배를 의미한다. 그렇기때문에 19세기부터 금욕주의에 대한 철학적 반성이 본격적으로 일어나 금욕주의를 거부하는 움직임이 태동하였다. 이제는 금욕주의가 대중에게조차 받아들여지지 못하고 그 대신에 욕망에 치중하는 다양한욕망담론이 20세기에 쏟아졌다. 그리하여 욕망이 인간과 사회를 이해하는 중요한 개념으로 자리 잡게 되었다. 하지만 욕망에 치중해서는인류가 나아갈 길을 찾을 수 있는 건 아니다. 만일 우리가 인류가 나아갈 길을 찾으려면 우리가 욕망을 적절하게 이해해야 할 뿐만 아니라 이성과 영적인 능력의 도움도 받아야 한다.

가상현실 속에 전개되는 욕망은 정보통신기술의 발달이 초래한 새로운 욕망이다. 이 욕망은 인류가 여태까지 경험해 왔던 욕망과는 다르다. 그렇지만 이 욕망도 현실의 욕망에 기반을 두기 때문에 현실의 욕망에 비추어 우리는 내다볼 수 있을 것이다. 그렇다고 하더라도 가상현실에 욕망이 구체적으로 어떻게 전개될지 아무도 확신할 수 없다. 하지만 가상현실 속에 전개되는 욕망에 대해 우리가 분명하게 전망할 수 있는 사항은 있다. 가상현실에서 욕망이 어떻게 전개될지라도 그 욕망은 환상적인 속성을 띨 것이다. 이런 점에서 욕망은 드디어 제자리, 즉 환상의 영토에 둥지를 트는 셈이다.

오늘날 욕망은 말할 나위도 없이 삶의 원동력이 되어 버렸다. 욕망을 금기시하고 위험시하는 태도는 더 이상 용납될 수 없다. 그런 태도는 삶 자체를 부정하고 더 나아가서 몸을 혐오하는 삶의 태도이기 때문이다. 삶은 욕망의 터전이고 몸은 삶의 터전이다. 그렇지만 욕망에 과도하게 치중하는 태도는 바람직하지 않다. 욕망은 우리를 죽음으로 이끌고 파괴적인 측면이 분명히 있다. 이를테면 생태계의 위기는 욕망의 산물이라고 해도 지나친 말이 아니다. 그러므로 우리는 욕망의 부정적 측면을 고려하면서도 욕망을 삶의 동력으로 삼아야 한다. 그렇다면 우리는 어떤 길을 가야 하는가? 우리는 욕망을 생명의 욕망으로 전환해 나갈 수밖에 없을 것이다.

인간이 온갖 욕심을 다 채우면서 살아가도 생태계가 온전할 수 있다면 얼마나 좋겠는가. 인간이 온갖 욕심을 다 채우면서 살아가도 세상이 살기 좋다면 얼마나 좋겠는가. 오늘날 생태계의 위기는 이미 우리의 일상생활 한가운데에 침투하였다. 세상은 날이 갈수록 위태로워지고 있다. 우리가 생태계를 온전히 보존하고 평화로운 세상을 만들려면 우리에게 더 이상 선택의 여지가 없다. 삶을 보존하고 키우는 생명의 욕망이 이 시대에 새삼스럽게 요청된다.

앞으로 어떻게 역사가 흘러갈지 확실히 모르겠지만 비관적이고 우울한 전망을 왠지 떨쳐 버릴 수 없다. 우리는 욕망의 소용돌이에서 벗어나기가 거의 불가능할 것이다. 그리고 우리의 의지와는 관계없이 21세기 안에 큰 재앙을 인류는 맞이하게 될지도 모른다. 삶을 보존하고 키우는 생명의 욕망이 압도적인 문명으로 전환하는 일은 단지 희망사항에 불과한 것일까?

오늘날의 지구촌은 자본주의가 지배하고 있다. 자본주의 사회는 욕심꾸러기를 대량 생산하고 있다. 이 욕심꾸러기들이 세상을 바꿀 수는 있겠지만 좋은 세상을 만들지는 못할 것이다. 그래도 희망을 잃지 말자. 욕망 속에 지혜도 나오고 깨달음도 있다. 우리가 욕망과 잘 사귀어 나간다면 희망은 있다. 따라서 희망은 여전히 우리에게 달려 있다.

그렇다면 우리가 욕망과 잘 사귀어 나갈 수 있는 길은 무엇일까? 앞에서 이미 논의한 내용을 좀 더 단순화해서 말한다면 다음과 같다. 첫째로, 욕망을 긍정적으로 보아라. 둘째로, 우리가 욕망에 흔들리더라도 욕망의 동요를 두려워하지 말고 즐겨라. 셋째로, 욕망의 동요 가운데에서도 마음을 비워 영적인 능력을 통해 삶의 중심을 잡아라. 넷째로, 욕망이 사회적으로 생산되고 변형되는 메커니즘을 파악해라. 우리가 이렇게 한다면 우리는 욕망과 싸우지 않고 욕망과 잘 사귈 수 있을 것이다.

참고문헌

강내희 엮음, 『문화과학』 봄호, 문화과학사, 1993.

강신주, 『상처받지 않을 권리』, 프로네시스, 2009.

공자, 『논어』, 김학주 역주, 서울대학교출판문화원, 2009.

김국현, 『웹 이후의 세계』, 성안당, 2009.

김종욱 편, 『욕망』, 운주사, 2008.

김모세, 『르네 지라르』, 살림, 2008.

꼬제브, 알렉산드르, 『역사와 현실 변증법』, 설헌영 옮김, 한벗, 1981.

네켄, 크레이그, 『중독의 심리학』, 오혜경 옮김, 웅진, 2008.

노자, 『老子』, 金敬琢 譯, 養賢閣, 1983.

데이비스, 멜린다, 『욕망의 진화』, 박윤식 옮김, 21세기북스, 2003.

데꽁브, 뱅상, 『동일자와 타자』, 박성창 옮김, 인간사랑, 1990.

데카르트, 『방법서설/성찰/정념론』, 김형효 옮김, 삼성출판사, 1993.

도르, 조엘, 『라캉 세미나』, 홍준기 외 옮김, 아난케, 2009.

들뢰즈 & 가따리, 『천 개의 고원』, 김재인 옮김, 새물결, 2001.

들뢰즈 & 가따리, 『앙띠 오이디푸스』, 최명관 옮김, 민음사, 1994.

라모스, 키머러, 『몸, 욕망을 말하다』, 홍선영 옮김, 생각의날개, 2009.

라캉, 자크, 『욕망이론』, 권택영 편역, 문예출판사, 1994.

黎靖德 編纂, 『朱子語類』, 허탁 외 역주, 청계, 1998-2001.

맹자, 『孟子集註』, 成百曉 譯註, 傳統文化硏究會, 2002.

바타이유, 조르주, 『저주의 몫』, 조한경 옮김, 문학동네, 2000.

바타이유, 『에로티즘』, 조한경 옮김, 민음사, 2009.
보드리야르, 장, 『소비의 사회』, 이상률 옮김, 문예출판사, 1995.
브로델, 페르낭, 『물질문명과 자본주의』, 주경철 옮김, 까치, 1995.
森岡正博, 『無痛文明論』, トランスビュー, 2003.
서동호, 『유학의 욕망론과 인간해석』, 한국학술정보, 2008.
서윤영, 『건축, 권력과 욕망을 말하다』, 궁리, 2009.
셸러, 막스, 『우주에서 인간의 지위』, 진교훈 옮김, 2001.
손, 킴 S., 『블랙홀과 시간굴절』, 박일호 옮김, 이지북, 2005.
순자, 『순자』, 김학주 옮김, 을유문화사, 2001.
슈빌, 말렉, 『욕망에 대하여』, 서민원 옮김, 동문선, 2001.
스피노자, 『에티카』, 강영계 옮김, 서광사, 1996.
알칼릴리, 짐, 『블랙홀, 웜홀, 타임머신』, 이경아 옮김, 사이언스북, 2003.
열자, 『열자』, 김경탁 역, 한국자유교육협회, 1975.
유기환, 『바타이유』, 살림, 2006.
이강수 外, 『慾望論』, 경서원, 1995.
李相玉 譯, 『禮記』, 明文堂, 2003.
李耘虛 譯, 『法華經』, 동국대학교 역경원, 1990.
장순용, 『禪이란 무엇인가』, 세계사, 1991.
장자, 『莊子』, 安炳周, 田好根 共譯, 傳統文化硏究會, 2007.
전경갑, 『욕망의 통제와 탈주』, 한길사, 1999.
조홍길, 「데리다의 헤겔 해석에 관한 연구」, 부산대학교 박사학위논문, 2002.
조홍길, 「욕망의 형이상학과 그 새로운 가능성」, 『대동철학』 제35집, 2006.
佐伯啓思, 『欲望と資本主義』, 講談社, 1993.
佐伯啓思, 『貨幣・欲望・資本主義』, 新書館, 2005.
지라르, 르네, 『그를 통해 스캔들이 왔다』, 김진식 옮김, 문학과지성사, 2009.
지라르, 르네, 『나는 사탄이 번개처럼 떨어지는 것을 본다』, 김진식 옮김, 문학
　　　과지성사, 2004.
지라르, 르네, 『낭만적 거짓과 소설적 진실』, 김치수・송의경 옮김, 한길사, 2001.
지라르, 르네, 『폭력과 성스러움』, 김진식 외 옮김, 민음사, 1993.
코제브, 알렉산드르, 『역사와 현실 변증법』, 설헌영 譯, 한벗, 1981.
콜랭, 마르틴, 『인간과 욕망』, 박윤영 옮김, 예하, 1996.
클라인, 나오미, 『슈퍼 브랜드의 불편한 진실』, 이은진 옮김, 살림Biz, 2010.
파시니, 빌리, 『욕망의 힘』, 이옥주 옮김, 에코리브르, 2006.
馮友蘭, 『中國哲學史』, 鄭仁在 譯, 螢雪出版社, 1983.

프로이트, 지그문트, 『꿈의 해석』, 김인순 옮김, 열린책, 2004.

프로이트, 지그문트, 『정신분석학의 근본개념』, 박찬부 옮김, 열린책, 2003.

플라톤, 『국가: 政體』, 박종현 옮김, 서광사, 1997.

플라톤, 『플라톤의 네 대화편』, 박종현 옮김, 서광사, 2003.

플라톤, 『향연』, 박희영 옮김, 문학과 지성사, 2003.

하인, 토마스, 『쇼핑의 유혹』, 김종식 옮김, 세종서적, 2003.

호이젤, 한스-게오르크, 『뇌, 욕망의 비밀을 풀다』, 배진아 옮김, 흐름, 2008.

홍사성 편, 『한권으로 읽는 아함경』, 불교시대사, 2009.

헤겔, 『법철학』 II, 임석진 역, 지식산업사, 1990.

헤겔, 『정신현상학』, 임석진 옮김, 한길사, 2005.

洪元植 譯, 『皇帝內經素門』, 傳統文化硏究會, 2003.

Butler, J., *Subjects of desire*, Columbia University, 1999.

Deleuze, G. & Guattari, F., *Anti-Oedipus*, trans. R. Hurley, University of Minnesota Press, 2003.

Derrida, J., *Archive Fever*, trans. E. Prenowitz, University of Chicago, 1996.

Derrida, J., *Dissemination*, trans. B. Johnson, University of Chicago, 1981.

Forster, M. N., *Hegel's Idea of Phenomenology of spirit*, University of Chicago, 1998.

Epictetus, *A Manual for Living*, ed. Lebell, S., HarperCollins Publisher, 1994.

Hansen, M., *Embodying Technesis*, University of Michigan press, 2000.

Hegel, G. W. F., *Phänomenologie des Geistes*, Meiner, 1952.

Hegel, *Grundlinien der Philosophie des Rechts*, G.W.F. Hegel Werke, Bd. 7, Suhrkamp, 1970

Hegel, *Nürnberger und Heidelberger Schriften*, G.W.F. Hegel Werke, Bd..4, Suhrkamp, 1970.

Hegel, *Enzyklopädie der philosophischen Wissenschaften*, Meiner, 1975.

Holland, E. W., *Deleuze and Guattari's Anti-Oedipus*, Routldge, 1999.

Kozu, K., *Das Bedürfniss der Philosophie*, Bouvier, 1988.

Lacan, J., *Ecrits: a Selection*, trans. Scheridan, A., Routledge, 2002.

Lucy, N., *A Derrida Dictionary*, Blackwell, 2005.

MarX, K., *Capital* 1, trans. Fowkes, B., Penguin, 1986.

O'Neill, J.(ed.), *Hegel's Dialectic of Desire and Recognition*, SUNY, 1996.

Pelliccia, H.(trans.), *Selected Dialogues of Plato*, The modern. library, 2000.

Posner, R. A., *A Failure of Capitalism*, Havard University Press, 2009.

Silverman, H. J.(ed.), *Philosophy and Desire*, Routledge, 2000.

Sweezy, P. M., *Four Lectures on Marxism*, Monthly Review, 1981.

조홍길

▌약 력

부산대학교 철학과를 졸업하고, 동 대학원 석사·박사학위를 받았다.
현재 부산대학교와 동서대학교에서 강사로 재직 중이다.

▌주요 논저

「데리다의 헤겔해석에 관한 연구」, 「욕망의 형이상학과 그 새로운 가능성」,
「헤겔의 생성의 변증법과 불교의 연기사상의 만남」,
『기독교의 정신과 그 운명』

욕망과 잘 사귀어 나가는 길
욕망의 블랙홀

초판인쇄 ㅣ 2010년 8월 30일
초판발행 ㅣ 2010년 8월 30일

지은이 ㅣ 조홍길
펴낸이 ㅣ 채종준
펴낸곳 ㅣ 한국학술정보㈜
주　소 ㅣ 경기도 파주시 교하읍 문발리 파주출판문화정보산업단지 513-5
전　화 ㅣ 031) 908-3181(대표)
팩　스 ㅣ 031) 908-3189
홈페이지 ㅣ http://ebook.kstudy.com
E-mail ㅣ 출판사업부 publish@kstudy.com
등　록 ㅣ 제일산-115호(2000. 6. 19)

ISBN 978-89-268-1312-6 03180 (Paper Book)
　　　 978-89-268-1313-3 08180 (e-Book)

내일을여는지식 ▌은 시대와 시대의 지식을 이어 갑니다.